Los otros derbis

Las rivalidades menos conocidas del fútbol mundial

Juan Manuel D'Angelo

Los otros derbis / Juan Manuel D'Angelo - 1a edición
LIBROFUTBOL.com, 2022.

196 páginas; 15,2 x 22,9 cm.

ISBN 978-987-8370-94-1

1. Fútbol.
CDD 796.33409

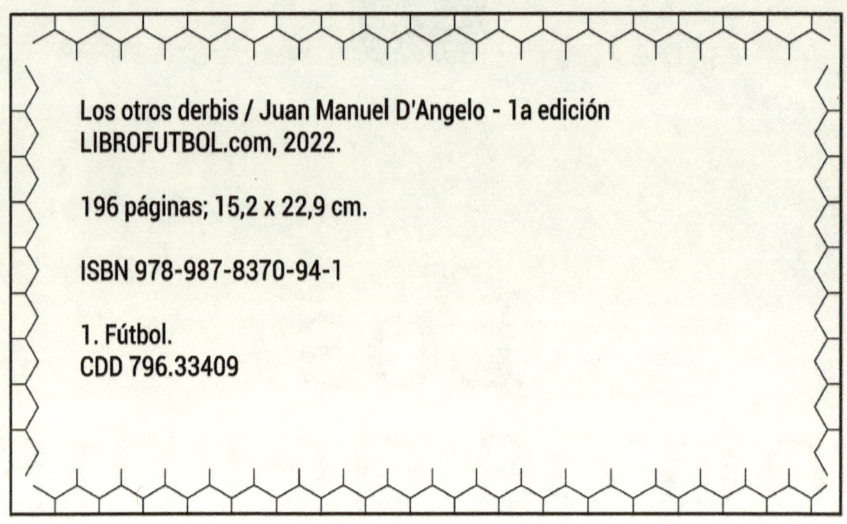

Los otros derbis
de Juan Manuel D'Angelo

Cubierta: Luciano Medvetkin	Foto del autor: © Juan Manuel D'Angelo
© 2022 – Juan Manuel D'Angelo © 2022 – LIBROFUTBOL.com	Todos los derechos reservados

ISBN 978-987-8370-94-1 | 1ª edición: septiembre 2022

ediciones@librofutbol.com

+54 9 11 2215 1982

librofutbol

Av. Libertador 6898 - Núñez - Ciudad de Buenos Aires - Argentina

CAPÍTULO 1

COREA DEL NORTE VS COREA DEL SUR

UN PICADO EN EL PARALELO 38

La última vez que Corea del Norte y Corea del Sur se enfrentaron en un partido de fútbol, el *match* estuvo rodeado por un aura de misterio propia de las novelas de John Le Carre. Fue el 15 de octubre de 2019 en el marco de las eliminatorias para Qatar 2022, cuando los norcoreanos recibieron a sus más acérrimos rivales en la capital Pyongyang. Esta era la primera vez en 29 años que un combinado del Sur viajaba a la tierra de los Kim y, como era de esperarse, la tensión se respiraba en el ambiente. Tras el armisticio de 1953 —que puso en pausa la guerra y que aún sigue vigente hasta nuestros días— las dos Coreas se mantuvieron con la guardia en alto a la espera de ver quien daba el primer golpe. Mientras tanto, en sus esquinas Estados Unidos y la República Popular China observaban con atención lo que hacían sus respectivos pupilos. Para Estados Unidos, era de vital importancia que el Sur creciera y se desarrollara como una potencia y así actuar como "dique de contención" para un comunismo deseoso de hacer pie en el Japón de la posguerra. En cambio, la relación chino–coreana se remontaba miles de años atrás, cuando la península era un reino vasallo de los emperadores chinos. Ya en el siglo XX, durante la Guerra Civil China, miles de comunistas coreanos cruzaron la frontera para luchar en los ejércitos de Mao Zedong. Entre estos voluntarios se encontraba Kim Il-sung, padre fundador y Presidente Eterno de la República Popular Democrática de Corea del Norte.

Como era de esperarse, el partido entre el Norte y el Sur despertó la atención de la prensa internacional. Si bien ambas selecciones se habían enfrentado en varias oportunidades a lo largo de los años, el hecho de jugar en Pyongyang después de tanto tiempo le daba al evento un plus extra. Incluso se llegó a decir que el mismísimo presidente de la FIFA, Gianni Infantino, estaría entre los espectadores como una manera de impulsar la cooperación y buena voluntad entre las dos naciones.

A pesar de que entre la capital norcoreana y Seúl solo hay 195 kilómetros de distancia, las fronteras entre ambos países continúan cerradas y fuertemente militarizadas (solo hay un punto de acceso legal y está en la ciudad de Kaesong, al sur de Corea del Norte), por lo que el plantel dirigido por el portugués Paulo Bento primero debió viajar a China, para luego abordar el vuelo de Air Koryo hacia su destino final. Según el periodista surcoreano Steve Han, una vez que el aparato de finales de la era soviética tocó tierra en territorio "enemigo", todo comenzó a conspirar en contra de los surcoreanos. Como primera medida, fueron retenidos en las oficinas de migraciones por más de tres horas, llenando un sinnúmero de formularios y todas las laptops fueron confiscadas hasta después del encuentro. La demora de las autoridades norcoreanas en procesar los papeles fue pura y exclusivamente para evitar que los recién llegados pudieran hacer contacto con los ciudadanos locales. Finalmente, el plantel visitante dejó el aeropuerto cerca de la medianoche y fue llevado directamente hacia el hotel.

Al día siguiente, la odisea continuó. Un ómnibus de la federación local los trasladó a gran velocidad desde el hotel hacia el estadio Kim Il-sung para realizar el entrenamiento vespertino, y en todo el trayecto los jugadores no se cruzaron con ningún transeúnte ni nada que se le parezca, algo totalmente inusual si tenemos en cuenta que se trata de la capital del país. Una vez más, parecía que las autoridades norcoreanas, que vigilaban bien de cerca los movimientos de la plantilla visitante, intentaban en todo momento ocultar su presencia. Después del entrenamiento, y como así lo exigen las reglas de la Confederación Asiática de Futbol (AFC en inglés), el entrenador Bento debió comparecer ante los medios locales, pero en Corea del Sur recién recibieron la transcripción de la conferencia trece horas más tarde. La excusa que puso la federación de Corea del Norte fue que en el país había problemas con internet. En un mundo hiperconectado esto es prácticamente imposible, aun cuando Corea del Norte parezca congelada en el tiempo en muchos aspectos. Lo más probable fue que las declaraciones del entrenador hayan tenido que pasar primero por el filtro del régimen.

En ningún momento los jugadores de Corea del Sur tuvieron libertad de acción. En el hotel —donde no había ningún otro huésped aparte del equipo— los empleados y los oficiales del gobierno norcoreano que acompañaban a la delegación no les permitían acercarse a la puerta ni salir a las calles si no era con una escolta que les indicaba por dónde podían caminar. Incluso si los jugadores querían revisar los emails o ver las noticias por internet debían esperar a que un empleado entrara a su habitación con un cable Ethernet para conectar a una máquina de finales de los años 90. En todo momento el botones permanecía detrás de los futbolistas esperando a que terminen y vigilando, aunque esto último no hubiese sido necesario ya que la red de internet norcoreana está altamente restringida y solo se puede acceder a un número limitado de páginas web.

Aparte de las medidas de seguridad estrictas y el secretismo con el que se conducía la federación norcoreana en cuanto a la organización del partido, días antes del encuentro se conoció la noticia de que este no se transmitiría por televisión. La última vez que había sucedido algo similar fue a mediados de los años 80, cuando Corea del Sur jugó de visitante contra Nepal y el motivo se debió a que el pequeño país asiático no tenía la tecnología suficiente para realizar una transmisión vía satélite, pero en esta oportunidad no se trató de una cuestión tecnológica, sino que las autoridades de Corea del Norte simplemente no quisieron hacerlo. Como es usual cada vez que juega la selección surcoreana, las tres cadenas principales del país (KBS, MBC y SBS) solicitaron los visados correspondientes para trasmitir el encuentro al que muchos consideraban el más importante del año, pero el gobierno norcoreano no aprobó ninguno de los permisos y le negó el acceso a la prensa del Sur bajo el pretexto de protegerse de posibles filtraciones. A contra reloj, y por presión de la AFC, se intentó lograr un acuerdo con una cadena japonesa, pero Corea del Norte se mantuvo firme en su posición y solo accedió a entregar un compacto con lo más destacado del encuentro en formato DVD.

En medio de ese clima enrarecido, los surcoreanos se imaginaban que el día del partido se sentirían más visitantes que nunca y que serían recibidos con una estruendosa silbatina. Aunque el *match* no tendría lugar en el Rungrado Stadium —el más grande del mundo con capacidad para 150 000 personas— se esperaba que una multitud copara el Kim Il-sung Stadium, pero otra vez la delegación del Sur se llevaría una sorpresa mayúscula.

A medida que el ómnibus del equipo se acercaba a las inmediaciones del estadio, los jugadores y el cuerpo técnico vieron con asombro que las calles estaban totalmente desiertas, una escena para nada habitual en la previa a un partido de tal magnitud. Cuando ingresaron al recinto pudieron comprobar que allí solo se encontraba el personal indispensable y que en las gradas no había siquiera un espectador. Un directivo de la federación de Corea del Sur interrogó a su contraparte del Norte sobre la ausencia de fanáticos en un partido que, en circunstancias normales, resultaría atractivo de ver incluso para los hinchas neutrales. Como respuesta, solamente obtuvo un escueto "no hubo interés por parte del público".

Ahora bien, que no haya habido gente en las gradas no significó que el clima dentro del campo de juego haya sido más distendido. El futbolista del Tottenham de Inglaterra, Son Heung-min, declaró más tarde que se sentía afortunado de no haber salido lastimado: "Fue una guerra. Durante mis años en el fútbol nunca vi algo parecido. En el banquillo local se gritaba todo el tiempo y en el campo de juego los futbolistas rivales nos insultaban. Jugaron muy duro, usando los codos y dando manotazos para sacarse de encima al jugador contrario. Fue una suerte que nadie saliera lastimado".

Las tácticas de intimidación, tanto dentro como fuera del campo de juego, tuvieron el efecto deseado ya que el partido terminó 0 a 0. Sin embargo, esta historia no acabó con el pitazo final y los ecos resonaron por varias semanas. Días más tarde, la federación de Corea del Sur presentó una queja formal ante la AFC por el trato recibido en Pyongyang, mientras que el canal de televisión pública KBS recibió, como había sido prometido, el DVD del partido, pero debido a la mala calidad del mismo (parecía una filmación de mediados de los años 90) la emisora dudaba de pasarlo de forma completa.

En cuanto a la ausencia total de público en las gradas, mucho se especuló sobre si el régimen liderado por Kim Jong-un ocultó a su pueblo la realización del partido. Según algunos "especialistas", la manifiesta superioridad del combinado surcoreano —que tiene a varios de sus jugadores militando en Europa— obligó a Corea del Norte a tomar esta decisión como una manera de proteger el orgullo nacional si el resultado no era el deseado. En una rápida búsqueda por el sitio web que el régimen utiliza para difundir "las noticias", no encontramos ni una sola mención al encuentro. Como todo lo que suele ocurrir en Pyongyang, nunca podremos saber si estas afirmaciones son una exageración de los detractores de Kim Jong-un, o en realidad sucedieron.

EL CLÁSICO ANTES DEL CLÁSICO

En la historia moderna de la península coreana, el fútbol ocupa un lugar central en muchos momentos y por variados motivos. El deporte llegó a finales del siglo XIX, impulsado por la YMCA (Young Men's Christian Association) y varios maestros occidentales que enseñaban en escuelas privadas de distintos puntos del país. Rápidamente se popularizó en toda la región, pero principalmente en Seúl (en 1906 ya se había fundado el primer club de fútbol de la nación, el Deahan Cheyuk Gurakbu o Korean SC) y en Pyongyang, ciudad que concentraba a la mayor cantidad de cristianos de Corea.

A principios del siglo XX, este deporte sirvió como una manera de elevar el herido orgullo nacional durante la ocupación japonesa (1905–1945). Tras las reformas del emperador Meiji en 1868, Japón dejó atrás siglos de atraso con respecto al Imperio Chino y se lanzó de cabeza hacia la modernidad. Gracias a una fuerte participación del estado, y aprovechando el conocimiento de especialistas de Occidente, la Tierra del Sol Naciente pasó a ser el país más desarrollado de Asia en menos de 50 años, pero con el crecimiento económico y cultural también llegó la ambición colonialista. Atrás habían quedado los años en donde las cuestiones de estado se resolvían en el consejo de *shogunes* y el emperador era solamente una figura religiosa. Ahora Japón deseaba ocupar un rol central en el devenir geopolítico y sus triunfos bélicos ante China (1894) y Rusia (1904) confirmaron su estatus como la nación más importante de Asia oriental.

La ocupación de la península coreana —que comenzó *de facto* en 1905 con el establecimiento de un protectorado y se hizo efectiva en 1910— contó con el beneplácito de Estados Unidos y Gran Bretaña como una manera de asegurar el bienestar de sus intereses en la región (Filipinas y Hong Kong). Para las potencias, el ascendente Japón no era más que un socio menor y apostaban a que su hambre imperialista no fuera más allá de los límites establecidos por ellos mismos. Fue por este motivo que miraron para otro lado cuando el gobierno de ocupación comenzó a cometer atrocidades contra el pueblo de Corea. Tras forzar la abdicación del monarca coreano Kojong e instaurar un gobierno adicto, los nuevos dueños del país desmantelaron el ejército e intervinieron todos los aspectos de la vida en la península. El idioma coreano o *hangul* fue reemplazado por el japonés en todos los documentos oficiales y en las escuelas, las libertades políticas fueron suprimidas y, aunque hubo un crecimiento económico e industrialización de la península, la distribución de la riqueza fue muy desigual. En Corea comenzó, además, lo que muchos consideran uno de los peores crímenes del colonialismo japonés: la explotación sexual de miles de mujeres por parte de los soldados de ocupación. Conocidas como "damas de confort", las jóvenes (y muchas veces niñas) eran secuestradas de sus casas y llevadas a burdeles exclusivos para militares japoneses llamados "estaciones de consuelos".

Ahora bien, durante los primeros años el movimiento de liberación se extendió en la península y los soldados coreanos desafectados formaron (junto con un grupo de intelectuales) guerrillas para luchar contra los invasores. Pero también hubo un sector de la población —pertenecientes, en su mayoría, a las clases altas terratenientes— que colaboró con los japoneses en el control del país. Con la ayuda de estos últimos y con su propia policía como brazo ejecutor, Japón controló Corea por casi medio siglo.

En este contexto, y con el fracaso de las rebeliones en el interior del país, el fútbol se volvió uno de los pocos terrenos en donde los coreanos pudieron vencer a sus opresores. El fervor patriótico producido tras las grandes marchas independentistas del 1 de marzo de 1919 —donde 2 millones de coreanos salieron a las calles— dio paso a la fundación de clubes a lo largo y ancho del país. De repente, un partido se volvió la excusa perfecta para gritar consignas antijaponesas o hacer flamear la vieja bandera nacional. / Sometidos a un férreo dominio político y económico, a los coreanos solo les quedaba el deporte como una manera de alimentar su orgullo nacionalista y fue en un campo de fútbol donde mejores resultados consiguieron frente a los japoneses.

En 1929, el equipo colegial de la Escuela Misionera de Gyungsung (Seúl) era uno de los más populares de la nación y sus partidos congregaban a más de 10 000 espectadores.

/ Ese año jugaron un amistoso ante el representativo de la Universidad de Waseda de Japón, el cual ganaron 4-3 y desataron la algarabía de todos en la capital. El resultado de los coreanos ocupó un lugar importante en el periódico *Chosun Ilbo*, a la vez que tomó mayor relevancia en los días posteriores cuando los de Waseda derrotaron holgadamente a un equipo de adultos en su segundo partido en tierras coreanas. Pero, sin dudas, la mayor rivalidad en la península se daba entre equipos del Norte y del Sur.

Desde el comienzo, el clásico interregional fue intenso, con partidos muy picantes y que concentraban la atención de miles de espectadores. Por ejemplo, en 1921 un encuentro disputado entre selectivos de Pyongyang y Seúl terminó en una batalla campal cuando los futbolistas del Soongsil Club presentaron una queja formal por un *off-side* mal cobrado. Tan complicada se puso la situación que muchos hinchas norcoreanos tuvieron que pedir asilo en una iglesia misionera cercana para evitar que los fanáticos rivales los molieran a golpes. En 1929 comenzó a disputarse la Gyungsung-Pyongyang Football Championship, una copa amistosa que reunía a selecciones de las dos ciudades más importantes del Sur y el Norte, y que se jugaba en una serie de ida y vuelta. Las crónicas de la época nos hablan de partidos duros, donde la pierna fuerte estaba siempre a la orden del día y con hinchadas que directamente pedían matar al rival. En este certamen era usual que los jugadores se taclearan de manera imprudente en muchos pasajes del partido y provocaran lesiones a sus contrincantes. Esta fue una de las razones por las cuales la copa fue momentáneamente suspendida entre 1931 y 1932, pero cuando se retomó la actividad al año siguiente el sentimiento de odio seguía latente. La rivalidad futbolística no era otra cosa que la manifestación de una división que se remontaba muy atrás en el tiempo, en donde las élites dominantes del sur imponían su voluntad por sobre los pueblos del Norte, siempre más receptivos a la influencia de su vecino, China.

Ahora bien, a pesar de que entre 1936 y 1946 el Gyungsung-Pyongyang Football Championship no se jugó, el fútbol siguió siendo uno de los campos de batallas donde se resolvían las afrentas del pasado. En la previa a los Juegos Olímpicos de Berlín 1936, Corea debía jugar un partido eliminatorio frente a Japón, para esto la Korean Football Association armó un combinado de 16 futbolistas, de los cuales solo cinco eran provenientes de Pyongyang. La decisión resultó llamativa, ya que en esos años —y durante mucho tiempo— los jugadores norteños eran los mejores del país, mientras que en el Sur se ponía mayor énfasis en las habilidades individuales y los jugadores eran, principalmente, estudiantes. El equipo de Pyongyang estaba conformado por adultos que jugaban un fútbol más duro y con mayor rigor físico. Esta "rusticidad" de los norteños derivaba, entre otras cosas, de una práctica antigua y un tanto brutal como era la batalla de piedras, en donde los habitantes de un pueblo se dividían en dos bandos y se arrojaban cascotes entre sí.

LA GUERRA

La derrota de las fuerzas del Eje en la Segunda Guerra Mundial marcó el fin de la experiencia colonial japonesa. El imperio nipón —que durante décadas se había extendido hacia la isla rusa de Sajalin, Corea, China, Taiwan y Singapur e incluso contempló invadir Australia— quedó reducido a escombros, pero su fin no traería paz en la península. Una vez que el último soldado japonés abandonó Seúl, comenzó la disputa entre los grandes bloques para determinar quién tutelaría la recuperación de la región. En el sur, el hombre elegido por Estados Unidos fue Syngman Rhee, un coreano que por décadas vivió en Hawaii y que denunció las atrocidades cometidas por el imperio japonés durante la ocupación. Tras su retorno a casa al fin de la guerra, este confeso anticomunista fue el alfil perfecto de los norteamericanos para mantener el equilibrio de fuerzas. Aunque era considerado por el propio Departamento de Estado como un ser de cuestionable moral, Rhee se ganó rápidamente el apoyo de la derecha de su país cuando estos vieron que sus años viviendo en Estados Unidos le habían dejado muy buenos

contactos en los estamentos medios de Washington. En julio de 1948 fue consagrado como el primer presidente de la República de Corea.

Ahora bien, aunque la división de la península en el paralelo 38 fue un invento norteamericano de la posguerra, está claro que las diferencias políticas e históricas entre Norte y Sur jugaban un papel trascendental. Durante la ocupación japonesa, los mayores focos de resistencia se encontraban en el Norte y es allí donde la figura de Kim Il-sung ganó relevancia. Nacido en 1912 en una aldea cercana a Pyongyang, a finales de los años veinte se unió al Partido Comunista Chino de Mao Zedong y peleó como uno más en la guerra contra los nacionalistas del presidente chino Chiang Kai Shek hasta que, en 1937, Japón invadió China y esto obligó a la cooperación mutua de los dos bandos. Kim Il-sung se unió a la batalla como líder de una guerrilla con la que capturó una aldea controlada por fuerzas japonesas. Este triunfo le otorgó reconocimiento como estratega militar y, tras escapar con su grupo a la URSS en 1940, el futuro líder norcoreano se integró al ejército rojo, donde sirvió como mayor hasta el final de la Segunda Guerra Mundial.

Al igual que sucedió con Syngman Rhee y los norteamericanos, Kim Il-sung fue elevado al liderazgo del partido comunista de Corea del Norte (y, eventualmente, de su país) gracias al padrinazgo soviético. Es cierto que había ganado fama después de su desempeño en la guerra contra los japoneses, pero así y todo se trataba de un hombre que había estado más de dos décadas exiliado. Finalmente, un mes más tarde de la asunción de Rhee como presidente de Corea del Sur, Kim fue elegido como el líder de su nación, por ese entonces solo reconocida por la URSS.

Aunque la premisa pública era la reunificación de la península —soviéticos y norteamericanos incluso integraron una mesa de negociaciones sobre esta cuestión— lo cierto es que ningún bando deseaba formar un gobierno de coalición.

En 1950 las tensiones reinantes en la región hicieron eclosión, iniciándose así un conflicto armado que se cobró la vida de casi 2 millones de personas y dejó un saldo de 600 000 desaparecidos. Durante los tres años que duró la guerra, el territorio coreano fue arrasado de norte a sur y viceversa. Después de un ataque exitoso y represivo que confinó a los surcoreanos y estadounidenses al puerto de Pusan, las fuerzas de la Organización de las Naciones Unidas (ONU) al mando del general Douglas MacArthur empujaron a los norcoreanos —que recibían apoyo soviético— hacia el norte, casi llegando a la frontera con China. En octubre de ese mismo año, Mao se metió de lleno en el conflicto y envió hombres para apoyar a los norcoreanos y empujar a las fuerzas de la ONU hacia el centro de la península, sobre el paralelo 38. En ese momento parecía que los comunistas lograrían la victoria final, por lo que MacArthur le solicitó al presidente Harry Truman el envío de dos docenas de bombas atómicas como medida desesperada. Por suerte, el mandatario estadounidense relevó al atómico general.

A partir de 1951 el conflicto entraría en una fase de estancamiento que se extendió hasta 1953. Ese año se firmó el armisticio provisorio que se mantiene hasta nuestros días y donde se estableció la creación de una zona desmilitarizada y el emplazamiento de una base en el poblado de Panmunjom. Esta base sería vigilada por ambos países y actuaría como lugar físico de negociaciones. Tras el cese al fuego, Estados Unidos comenzó un proceso de fortalecimiento de Corea del Sur que consistió no solo en darle protección militar (en el centro de Seúl se estableció Camp Humphreys, la base norteamericana más grande en ultramar), sino también en transferirle de manera "gratuita" su matriz productiva completa con el fin de transformar al pequeño país en una nación del primer mundo. Por su parte, el Norte disfrutó de sus días de gloria durante el tiempo en que la Unión Soviética se mantuvo en pie. Tras la caída del Muro de Berlín y la consolidación de Estados Unidos como única superpotencia, Corea del Norte vivió momentos de zozobra, como lo fue la hambruna de 1992, y se cerró aún más al mundo.

EL MILAGRO COREANO

Los enfrentamientos futbolísticos oficiales entre ambas Coreas empezaron en la década del setenta y, aunque el Sur es el dominador en estas justas —se impuso en siete duelos oficiales—, los empates con pocos goles o ninguno suelen ser los resultados más habituales. Después del armisticio y el retorno a la "normalidad", los surcoreanos fueron los primeros en llegar a la Copa del Mundo al clasificar para Suiza 1954, aunque allí terminaron en último lugar después de perder 9-0 contra Hungría y 7-0 frente a Turquía. Sin dudas, el mayor éxito por esos años lo conseguirían a nivel regional, ganando la Copa Asia en dos oportunidades (1956 y 1960) y emergiendo como una de las principales potencias del continente. En estos triunfos hubo un aporte importante de las fuerzas armadas —principal proveedor de jugadores para la selección—, pero también de Corea del Norte.

Antes y durante la guerra civil, muchos jugadores que habían brillado en el seleccionado de Pyongyang escaparon hacia el Sur. El caso más resonante fue el del delantero Choi Jung-min quien nació en 1930 en una aldea cercana a la capital del Norte llamada Taedong y fue parte del seleccionado de Pyongyang en la última copa desafío ante el combinado de Seúl (el torneo se había retomado tras el fin de la ocupación japonesa). Cuando estalló la Guerra de Corea, el futbolista se transformó en uno de los tantos opositores al régimen de Kim Il-sung que escaparon y se unieron al ejército de Corea del Sur en 1950. En su nuevo hogar, el atacante se encontró con antiguos compañeros con los cuales decidió formar un equipo llamado Chosun Bangjik que ganó un torneo en 1951 y deslumbró a todos con su juego ofensivo. Debido a sus grandes actuaciones, fue llamado a la selección surcoreana (Corea del Sur fue aceptada por la FIFA en 1948) y pronto se transformó en uno de los habituales del combinado nacional. En marzo de 1954, Choi fue fundamental para que el Sur consiguiera un lugar en la Copa del Mundo de Suiza, aportando tres goles en la serie contra los japoneses (el resultado global fue 7-3 y ambos partidos se disputaron en Tokio). Gracias a su actuación descollante ante los odiados japoneses —los recuerdos del imperialismo nipón estaban muy frescos todavía—, Choi Jung-min alcanzó el rango de leyenda y durante casi una década sería un número puesto en todas las convocatorias. Como ariete del equipo nacional ganó dos campeonatos asiáticos (1956, 1960), dos medallas de plata en los Juegos de Asia (1954, 1958) y en total jugó 47 partidos, donde marcó 22 goles.

Los norcoreanos por su parte, demostraron su poderío en los Games of the New Emerging Forces (GANEFO), un evento deportivo que se realizó en Indonesia durante los primeros años de la década de los 60, en un claro desafío al Comité Olímpico Internacional (COI). Durante esos días, el COI había sancionado a los indonesios por no permitirle a Israel y Taiwán participar de los Juegos Asiáticos de 1962. Por lo tanto, la federación olímpica de ese país no tuvo mejor idea que organizar sus propios juegos en donde participaban mayoritariamente estados dentro de la órbita soviética

En los GANEFO del 63, Corea del Norte ganó la medalla plateada en fútbol y este logro catapultó a los jugadores del seleccionado al panteón de los héroes del Partido Comunista. Por ese entonces, Pyongyang y Pekín atravesaban una crisis en su relación bilateral y la necesidad de buscar cierta autonomía e independencia por parte del presidente Kim Il-sung hacía que los resultados deportivos tomaran una importancia mayor. Fue en esos días también donde la Corea comunista perfeccionaría el fútbol de ataque con el que sorprendería al planeta durante la Copa del Mundo de Inglaterra 1966. El seleccionado del Norte consiguió su ticket tras vencer a Australia en dos encuentros disputados en Camboya, en lo que fue una de las eliminatorias más complejas que se recuerden.

Originalmente, la primera ronda consistía de quince equipos africanos que se eliminarían entre sí para determinar quién debía jugar el repechaje ante el ganador de las eliminatorias de Asia/Oceanía, que además incluía a Sudáfrica (ningún equipo africano quería jugar contra ellos). Finalmente, los seleccionados de la Confederación Africa-

na de Fútbol (CAF) decidieron abandonar la eliminatoria a modo de protesta por no conseguir un cupo directo.

Corea del Sur y Sudáfrica tampoco fueron de la partida, aunque por razones muy diferentes. Mientras que los sudafricanos fueron descalificados por la FIFA debido a las leyes del *Apartheid*, Corea del Sur adujo que los costos y la logística del viaje hacían imposible su traslado al país del sudeste asiático. La realidad era que los surcoreanos, a sabiendas del poderío de Corea del Norte, prefirieron no presentarse antes que arriesgarse a perder con su enemigo ideológico.

En ese momento, Corea del Sur era gobernada por Park Chun-hee, un general nacionalista que lideró un golpe de estado en 1961 y que dos años más tarde sería elegido como el tercer presidente en la historia de la nación. A pesar de que la junta militar prohibió toda actividad política durante dos años —e incluso Park amenazó con suspender la elección de 1963 ante el riesgo de perder— 12 años de gobierno autocrático de Syngman Rhee (depuesto en 1960 a las pocas semanas de consagrarse presidente por cuarta vez) habían dejado a los políticos tradicionales con muy mala imagen de cara a la sociedad.

Aunque no colaboró directamente con la asonada militar, Estados Unidos había apoyado muchas de las marchas estudiantiles contra el presidente Rhee y miraba con buenos ojos el anticomunismo explícito del nuevo hombre fuerte de Corea del Sur, pero Park no era un personaje fácil de domar. Durante su periodo como jefe de la Junta Militar, y también como presidente, se permitió utilizar un discurso antinorteamericano cada vez que sintió que Washington pretendía imponer condiciones. Corea del Sur experimentó durante su mandato lo que se conoce como el "Milagro del Rio Han", un período de expansión económica que le permitió desarrollarse como una potencia industrial del primer mundo en un tiempo relativamente corto (el punto culmine de este proceso fueron los Juegos Olímpicos de Seúl 1988). Todo esto fue posible gracias a un fuerte intervencionismo estatal, una mejor utilización de los recursos naturales del país y una promoción de la ciencia y la tecnología, pero el lado oscuro del milagro fue la represión política y creciente censura que vivieron los surcoreanos. En 1961 un alto mando de la junta militar —y sobrino político del general Park— creó la omnipresente Agencia Central de Inteligencia de Corea (KCIA), un organismo que cumplía funciones similares a las de la CIA norteamericana, pero también a las del FBI. Con miles de empleados en la nómina (y muchos más por fuera de ella) la KCIA era un "Gran Hermano" que vigilaba tanto a aliados como a oponentes y que además había sido la encargada de redactar la nueva constitución que recortaba el poder del Parlamento. Curiosamente, con el tiempo cada jefe que pasó por la KCIA terminó enfrentado con el general Park y fue uno de ellos (Kim Jae-gyu) quien terminó asesinándolo en 1979.

En cuanto al manejo de las relaciones intercoreanas, Park Chun-hee nunca dejó de mostrarse abiertamente anticomunista (llegó a fusilar al primer enviado de Kim Il-sung) y tuvo su cuota de incidentes internacionales que amenazaron con romper el frágil equilibrio sobre el paralelo 38. Aun así, el general siempre mantuvo una posición similar a la del régimen norcoreano en cuanto a la no intervención de potencias extranjeras en los asuntos de la península. Tanto para Park como para Kim, la unificación debía ser un proceso interno de las dos Coreas.

***

La participación norcoreana en la Copa del Mundo de 1966 ha dejado un sinnúmero de leyendas urbanas que persisten hasta el día de hoy, pasando por la insólita afirmación de que en el entretiempo contra Italia sustituyeron a más de la mitad del equipo sin que los rivales se dieran cuenta, hasta la supuesta profesión del autor del tanto de la victoria Pak Doo-ik (por mucho tiempo se dijo que era dentista). Pero lo cierto es que en esos años, Corea del Norte jugaba un vistoso fútbol de ataque bajo las órdenes del entrenador Myong Rye-hyon y su actuación en tierras inglesas lejos estuvo de ser milagrosa. Ya lo habían demostrado en las eliminatorias frente a Australia disputadas en

Camboya, derrotando a los Socceroos por un total de 9-2 en el global (6-1 en la ida y 3-1 en la vuelta). Como no podía ser de otro modo, la clasificación a la Copa del Mundo fue celebrada en Pyongyang no solo como un logro deportivo sino como la comprobación de la superioridad de un sistema político. Esto se refleja en el documental *The Game of Their Lives* (2002) del cineasta británico Daniel Gordon, que repasa la aventura norcoreana en la Copa del Mundo. En el filme, el mediocampista Lim Zoong-sun asegura que en el partido ante Australia —un equipo que contaba con varios futbolistas ingleses nacionalizados— primó el espíritu colectivo por sobre el talento individual.

Ahora bien, para Corea del Sur la participación norcoreana en el Mundial de Inglaterra era una muy mala propaganda, tanto hacia afuera como hacia el interior del país. Por esa razón, el régimen de Park Chun-hee intentó por todos los medios convencer a la Foreing Office de que le negara las visas de entrada a la selección del Norte. Pese a que el Reino Unido no reconocía al estado comunista, este pedido planteaba un complejo dilema para el gobierno inglés debido a que la FIFA amenazó con retirarle la sede si se prohibía el ingreso de cualquiera de los equipos clasificados. Por esta razón, la federación internacional y el gobierno de Su Majestad idearon una solución a medias para salvaguardar su relación con Seúl y permitirle a los norcoreanos participar del certamen: la bandera de Corea del Norte sería removida de todos los afiches promocionales y su himno solo se escucharía durante su partido inaugural y en una eventual final. Este trabajado acuerdo sin embargo no impidió una metida de pata monumental por parte del comité organizador que, para la cena de bienvenida a todas las delegaciones, invitó por error al embajador de Corea del Sur. Increíblemente, el General Lee no solo asistió a la cena de gala, sino que además pronunció un discurso en donde se reafirmaba que, de acuerdo a las resoluciones de la ONU, la península es un solo país y por ende ese equipo representaba a toda Corea.

Debido a que se sabía muy poco sobre estos jugadores, cuando la selección hizo base en Middlesbrough —fue de las primeras delegaciones en llegar a Inglaterra— la prensa comenzó a inventar todo tipo de historias con respecto al equipo asiático, entre ellas la supuesta participación del dictador Kim Il-sung en la confección de la lista de buena fe. En el grupo D, Corea del Norte era sin dudas el cuadro más débil. Italia y la Unión Soviética eran candidatos puestos para acceder a la próxima ronda y Chile, que venía de salir tercero en la Copa del Mundo 1962, esperaba expectante que los favoritos sufrieran alguna sorpresiva caída.

En el debut frente a la URSS, los coreanos sufrieron en carne propia el duro juego físico propuesto por sus rivales y cayeron categóricamente por 3-0 (el seleccionado soviético cometió 27 faltas y fue duramente criticado por la prensa local) sin embargo, en el segundo partido ante los chilenos, el equipo se recuperó y rescató en los últimos minutos de juego un empate 1-1 que lo dejaba con vida de cara al choque definitorio frente a Italia. Para ese entonces, los asiáticos se habían vuelto el cuadro favorito de la Copa gracias a su estilo de juego ofensivo que contrastaba con lo hecho por el resto de los equipos, en especial sus rivales de grupo. Brian Clough —que por entonces comenzaba su carrera como director técnico en el Hartlepool United— aseguró que el estilo practicado por la Italia de Edmundo Fabbri era el claro ejemplo de lo que no había que hacer dentro de un campo juego.

El 19 de julio de 1966 en el estadio Ayresome Park, la *azzurra* salió al campo de juego confiada de que el encuentro ante los asiáticos sería un mero trámite. Después de todo, el conjunto italiano estaba integrado por jugadores de la talla de Sandro Mazzola, Gigi Meroni y Gianni Rivera, mientras que la plantilla asiática era un rejunte de futbolistas ignotos para los cuales el fútbol era poco más que un pasatiempo. Incluso los propios norcoreanos tampoco se tenían mucha fe y ya tenían reservas para iniciar el largo camino a casa al día siguiente del *match*. El partido inició de forma favorable al conjunto europeo con varias situaciones de gol durante la primera media hora de juego, pero algunas tapadas del portero Li Chan-myung y una buena cuota de suerte le permitieron a los norcoreanos seguir con vida. El momento clave fue cuando el capitán italiano, Giacomo Bulgarelli, debió salir del campo de juego faltando minutos para que termine la primera mitad. Como en ese momento no estaban permitidas las substituciones de los jugadores de campo, Italia debió afrontar el resto del encuentro con un hombre menos y es allí donde Corea del Norte pudo dar el golpe de gracia. Faltando tres minutos para el fin del primer tiempo, Pak Doo-ik capturó un rechazo de un compañero en la puerta del área y fusiló a Enrico Albertosi con un disparo que se coló contra el palo derecho. Pese a su clara superioridad técnica, la vergüenza por ir perdiendo frente a un rival menor encegueció a los italianos, que no pudieron revertir el resultado y quedaron eliminados del certamen.

Fue el propio entrenador de la Nazionale, Edmundo Fabbri, el que, en un intento de eludir la furia de los *tifosi* y la prensa (los diarios titularon "Nuestro futbol ha muerto" mientras que los hinchas los recibieron con tomatazos), echó a rodar la versión de que, en el entretiempo, los norcoreanos realizaron varias substituciones aprovechando de que todos se parecían entre sí. Lo cierto es que, tras el partido, el seleccionado asiático debió encontrar hospedaje de emergencia en la ciudad de Liverpool y comenzar a preparar los cuartos de final frente a la Portugal de Eusebio.

Cuatro días más tarde de la victoria frente a Italia, portugueses y norcoreanos se midieron en el Goodison Park, pero esta vez nadie subestimó a nadie. De hecho, Corea sorprendió con una ráfaga de goles y antes de la media hora de juego ya ganaba 3-0, pero la magia de la Pantera Negra de Mozambique sería demasiado para los esforzados defensores asiáticos. El encuentro finalizó 5-3 para Portugal, con el delantero de Benfica convirtiendo cuatro de los cinco tantos de su equipo.

PORTUGAL 1991

Uno de los años más calientes —futbolísticamente hablando— para estas dos naciones se vivió en 1978. En el inicio de 1976, la suerte había querido que ambas Coreas compartieran grupo en las eliminatorias asiáticas para Argentina 78, pero el Norte desistió de participar del certamen debido a que al régimen no le gustaba a idea de jugar contra el Sur (y contra Israel) por los puntos. La rivalidad se reavivó dos años más tarde cuando se cruzaron por primera vez de manera oficial en el Asian Youth Football Championship disputado Bangladesh. En ese certamen, el partido terminó 0-0 y los surcoreanos ganaron por penales gracias a una gran actuación de su arquero, que fue reconocido económicamente por la federación.

Este partido de juveniles fue el preludio para uno más importante: la final de fútbol de los Juegos Asiáticos de 1978 en Tailandia. El partido fue un ida y vuelta constante, con numerosas situaciones para cada equipo, pero la paridad nunca se pudo quebrar. Tras el pitazo final, se decidió que ambas naciones compartieran la medalla de oro. A pesar de que para la prensa esto pareció un gesto digno de admiración, en el campo de juego las sensaciones eran muy distintas. El capitán de Corea del Sur, Kim Ho-gon, reconoció años más tarde que, cuando estaba en el podio junto a su contraparte norcoreana, tuvo el impulso de pegarle una trompada, pero finalmente se contuvo porque había cámaras cerca.

En los años ochenta es cuando se empiezan a profundizar las diferencias entre uno y otro seleccionado. Durante esa década los dos partidos oficiales disputados terminan en victoria surcoreana. Además, Corea del Sur estrenaba su estatus de potencia deportiva tras organizar exitosamente los Juegos Olímpicos de Seúl 1988. Recordemos que, pese a que el Norte había intentado boicotear el evento, solo Cuba decidió no enviar a su delegación. El resto de las naciones comunistas participó de los juegos y dejaron a Pyongyang en *off-side*. Parecía imposible que, tras el boicot, se abrieran nuevas instancias de diálogo entre Seúl y Pyongyang, pero, para sorpresa de todos, el Mundial Sub-20 que se disputó en Portugal tres años más tarde, ofreció la grata sorpresa de tener por primera (y única vez) a una selección de Corea Unificada.

Un año antes, los representativos del Sur y el Norte obtuvieron el ticket para la Copa al finalizar las eliminatorias asiáticas en primer y segundo puesto respectivamente. Para aumentar las posibilidades de éxito en el certamen juvenil, ambas federaciones acordaron conformar una selección integrada por nueve jugadores de cada país y dirigida, en forma de dupla técnica, por los entrenadores de cada equipo. El director técnico principal sería el norcoreano An Se-uk, mientras que el lugar de primer asistente lo ocuparía su contraparte surcoreana, Nam Dae-sik.

Pese a la incredulidad de muchos, un experimento similar ya había tenido lugar en mayo de ese mismo año cuando la Corea Unificada participó en el Campeonato Mundial de Ping Pong y el equipo femenino logró la proeza de llevarse la medalla de oro frente a China, en ese entonces ganadora de ocho títulos de manera consecutiva desde 1975.

Un mes más tarde, el combinado de la península repitió el batacazo y en el primer partido del Grupo A derrotó a la Argentina de Reinaldo Carlos Merlo por 1-0. Pese a que la albiceleste contaba con jugadores de categoría como Mauricio Pochettino, Marcelo Delgado, Hugo Morales o Christian Bassedas, la esforzada escuadra asiática aguantó los embates rivales durante todo el encuentro y a solo dos minutos del final pudo conseguir el triunfo gracias a un disparo de media distancia de Cho In-chol. Dos días más tarde, frente a Irlanda, los coreanos lograron un excelente resultado cuando Choi Chol decretó a los 89 minutos la igualdad 1-1. Este empate, y la derrota argentina frente a Portugal, les dieron el pase a cuartos de final. En el último encuentro de la fase de grupos debieron medirse ante los locales para determinar quién se quedaba con la primera posición de la zona.

Pese a que otra vez la selección de Corea Unificada cumplió un papel digno dentro del campo de juego, en esta ocasión Portugal consiguió el triunfo y envió a su rival a jugar cuartos de final frente a la todopoderosa Brasil. Ese sería el final de la travesía coreana en el Mundial Sub-20. Los brasileños, a la postre subcampeones del certamen, se despacharon con un contundente 5-1.

***

Esta cooperación deportiva entre ambas naciones fue la manifestación de un clima de época. En el Sur, Roh Taewoo llegó a la presidencia en 1988 prometiendo reformas internas que permitieran dejar atrás los oscuros años de represión política inaugurada por el general Park Chun-hee (y continuada por su sucesor Chun Doo-hwan).

En el plano de los vínculos intercoreanos, el nuevo presidente llevó a cabo lo que se conoció como *Nordpolitik*, un programa tendiente a normalizar las relaciones entre las dos Coreas y establecer acuerdos de cooperación mutuos en distintas áreas. Las conversaciones entre ambas naciones se dieron en el más alto nivel e incluso se firmaron varios tratados, incluida una declaración conjunta para la desnuclearización de la península.

El final de la Guerra Fría, el siempre excesivo gasto militar y la desaparición de la URSS sumieron al país de Kim Il-sung en una terrible crisis financiera. Si bien en los 80 la economía comenzó a mostrar signos de estancamiento, durante esos años el país pudo mantenerse a flote y autosuficiente, pero, siendo los soviéticos el principal socio comercial de Pyongyang, la caída de la Unión Soviética produjo la peor crisis humanitaria que se recuerde en el país y que fue conocida popularmente como la Gran Hambruna.

Dado el secretismo que rodea a todo lo que ocurre al norte del paralelo 38 no se sabe a ciencia cierta la cantidad exacta de personas que fallecieron a causa de la falta de alimentos. Durante años, las cifras publicadas por distintas fuentes extranjeras fluctuaban de los 250 000 a los 3 500 000 en un periodo de ocho años (1992-2000), pero en la actualidad se cree que 600 000 fueron los norcoreanos que perdieron la vida durante todo este período. Incluso se llegó a sugerir que, durante los momentos más desesperantes, en el interior del país se recurrió al canibalismo como una forma de garantizar la supervivencia (esto último nunca pudo ser probado fehacientemente).

Por si fuera poco, el 8 de julio de 1994, el líder supremo Kim Il-sung murió de un ataque al corazón. Aunque su hijo Kim Jong-il ya había sido designado como su futuro sucesor en la década pasada, especialistas gubernamentales de Estados Unidos y Corea del Sur auguraban que la histeria colectiva producida por su deceso —en YouTube se pueden ver videos de los funerales oficiales con cientos de miles de personas llorando descontroladamente— sería el primer paso para una reconfiguración de poder en la península y una posterior reunificación.

EL DESPEGUE Y LA AUSENCIA

El clima de distensión política de finales de los 80 y principios de los 90 también se trasladó a los partidos entre ambas selecciones. En los encuentros disputados durante las eliminatorias asiáticas para Italia 90, primó la camaradería entre las delegaciones, con una reunión amigable antes del *match* y ambos entrenadores intercambiando conceptos y consejos. Igual clima se vivió en 1990 cuando se retomaron los encuentros amistosos.

Esta nueva serie tuvo su primera edición el 11 de octubre en la ciudad de Pyongyang y fue victoria para el Norte por 2-1. El encuentro se jugó ante la presencia de 150 000 personas que alentaron en igual medida tanto a los jugadores locales como a los visitantes. Igual clima se vivió en el partido de vuelta disputado en Seúl 12 días más tarde, donde el Sur se impuso por 1-0. El Unification Football Championship tenía como objetivo ser un cimiento más desde donde construir la reunificación, pero la buena predisposición entre las naciones hermanas solo duró un rato.

Tras una serie de artículos publicados por la prensa de Corea de Sur en donde se criticaba el secretismo con el que se manejaba el régimen, los órganos del partido comunista norcoreano anunciaron que, ante esta campaña de desprestigio, su equipo podría no presentarse nuevamente a un partido amistoso contra sus vecinos. No conformes con esto, la prensa surcoreana redobló la apuesta y denunció que Corea del Norte había prohibido que los enviados periodísticos de Pyongyang entrevistaran a nadie más que sus propios jugadores.

Pronto quedó claro que para el régimen de Kim Il-sung, ya no era tan buen plan ir a jugar periódicamente contra el Sur. El principal miedo en la dirigencia del país comunista era que sus jugadores —que rara vez habían tenido la posibilidad de salir de su nación— quedaran deslumbrados con el vulgar lujo capitalista y pusieran en duda las verdades inamovibles que rigen la vida al norte del paralelo 38.

Con el horizonte puesto en la clasificación a la Copa del Mundo 1994, ambas naciones se volvieron a enfrentar por los puntos en octubre de 1993. En esta oportunidad, la paridad entre ambos equipos no fue tal y el Sur derrotó 3-0 al Norte, clasificando así al certamen mundialista y relegando a su rival al fondo de su grupo. Este sería el último partido entre ambas selecciones durante una década debido a que el régimen se abstuvo de competir internacionalmente.

***

Esta no era la primera vez que el fútbol norcoreano se retiraba de la escena, aunque las causas habían sido muy distintas. A principios de los 80, la federación del Norte fue sancionada duramente por la FIFA tras un incidente durante un partido de los Asian Games de 1982, cuando el equipo y el cuerpo técnico casi linchan a un árbitro tailandés tras la derrota 3-2 frente a Kuwait. Por este incidente, la federación internacional vetó a Corea del Norte de todas las competiciones por dos años. Y como todo lo que sucede en la península, esta sanción ejemplificadora también tendría impacto en el Sur.

Durante la ausencia de su contraparte, el fútbol surcoreano vivió un crecimiento exponencial. En 1983, la Korean Football Federation impulsó la creación de la liga profesional hoy es conocida como la K-league. Aunque no fue una respuesta directa a lo sucedido con Corea del Norte (se hizo con la mira puesta en los Juegos de Seúl 88), esto permitió que los futbolistas locales pudieran tener una mejor preparación y más oportunidades. Hasta ese entonces, y como sucedía en Japón, el fútbol en Corea del Sur era semiprofesional y si un jugador talentoso deseaba vivir del deporte, debía si o si emigrar al extranjero. Ese fue el caso del delantero Cha Bum-kun, quien en 1979 partió hacia Alemania del Oeste para jugar en el Darmstadt, el Eintrach Frankfurt y el Bayer Leverkusen. Los menos afortunados en cambio, tenían que con conformarse con desarrollar su carrera en la liga de Hong Kong, que por ese entonces era la competencia mejor paga de Asia Oriental.

Para la profesionalización, fue vital el ingreso de lo que se conoce como *chaebols*, conglomerados familiares con presencia en distintos rubros de la economía (son el equivalente coreano a las *zaibatsu* japonesas). Estos poderosos grupos empresariales —Daewoo, Hyundai, LG y Samsung, entre otros— fundaron sus propios clubes y crearon la infraestructura necesaria para su desarrollo. Incluso la rivalidad entre las dos automotrices más importantes del país (Hyundai y Daewoo) fue utilizada como una manera de promocionar la novel liga y acrecentar el interés del público. Los equipos de ambas empresas eran quienes se disputaban en cada mercado de pases a los jugadores más importantes.

Rápidamente, el resultado de estas transformaciones se vio reflejado en el andar del seleccionado nacional surcoreano, que en 1986 disputaría su segunda Copa del Mundo. Aunque nosotros los recordemos más por las patadas que le propinaron a Diego Maradona, México 86 fue para los surcoreanos el punto de partida desde donde pudieron afianzarse como una de las potencias del fútbol asiático. Desde ese momento, la selección nacional nunca más se perdió un Mundial.

Para Corea del Norte, la suspensión impuesta por la FIFA fue terriblemente perjudicial porque profundizó el declive que ya se observaba desde mediados de los años 70. Atrás habían quedado los días de gloria del Mundial 1966, en donde los asiáticos se dieron el lujo de eliminar a Italia. Ya no quedaban rastros de aquel futbol ofensivo y solo tenían para ofrecer rigor físico y dureza extrema.

En las eliminatorias para USA 94 disputadas en Doha (Qatar), el equipo norcoreano tuvo un buen arranque en la primera ronda y ganó fácilmente su grupo contra selecciones menores del continente como Vietnam, Indonesia, Singapur y Qatar. Sin embargo, en la ronda final disputada por los ganadores de cada grupo, el cuadro del Norte fue superado ampliamente y relegado al último lugar de la clasificación tras perder cuatro de los cinco partidos disputados. La gota que derramó el vaso y colmó la paciencia de las autoridades del régimen fue el último encuentro ante Corea del Sur, donde los norcoreanos cayeron derrotados por 3-0 y debieron ser testigos de la tercera clasificación consecutiva de su enemigo ideológico.

Según publicó por esos días el New York Times, el gobierno de Corea del Norte decidió no enviar ningún periodista a cubrir las eliminatorias y esperar a ver cuál era la suerte del equipo. El periódico norteamericano aseguraba que solo unas pocas personas del círculo interno del poder sabían realmente lo que había sucedido, mientras que la mayor parte de la población del país ignoraba que el certamen clasificatorio había sido disputado siquiera.

El ocultamiento del partido, sin embargo, no evitó un severo castigo para el entrenador y los jugadores. El manager del equipo fue interrogado durante tres días en un centro de detención y luego confinado a una fábrica de insumos deportivos, hasta que finalmente pudo desertar a Corea del Sur. Por su parte, la mayoría de los futbolistas no volvieron a ser convocados al seleccionado nacional.

Finalmente, cuando murió el gran líder Kim Il-sung, las autoridades del partido declararon un periodo de luto en memoria del ahora Presidente Eterno y todas las actividades deportivas internacionales quedaron suspendidas. Aunque esta medida fue levantada al año siguiente, la selección norcoreana no volvería a competir hasta 1998 y tendría que esperar varios años más para cruzarse con sus vecinos del sur. Recién en 2005 volverían a verse las caras.

COREA/JAPÓN 2002

Durante los años en los que ambas Coreas no se enfrentaron futbolísticamente, las diferencias entre las selecciones se hicieron abismales. Más allá del fracaso que significó para los surcoreanos su actuación en la Copa del Mundo Francia 1998 (terminaron en la antepenúltima posición y solo pudieron rescatar un empate 1-1 frente a Bélgica), para Seúl el fútbol ya era una cuestión de estado. Corea del Sur sería uno de los anfitriones del próximo Mundial —el primero en disputarse en suelo asiático— y, como sucedió durante los Juegos Olímpicos de 1988 donde estrenó su estatus como potencia económica, los ojos del mundo estarían posados sobre el país por espacio de un mes. Era necesario estar a la altura, no solo en lo deportivo.

Obtener la sede no había sido tarea fácil. El candidato predilecto del por entonces presidente de la FIFA, el brasileño Joao Havelange, era Japón. Con la creación de la J-league en 1993 y la andanada de estrellas internacionales que habían llegado a esta liga (Gary Lineker, Ramón Díaz, Zico, Dunga y Pierre Litbarski, entre otros), los nipones habían hecho una apuesta fuerte y prometían un sin número de innovaciones técnicas revolucionarias. Desde cámaras individuales para cada jugador, pasando por canchas con césped movible hasta el proyecto de transmitir holográficamente los partidos en distintos estadios del mundo. Además, empresas japonesas como Fuji, Xerox, JVC, Toshiba y Canon habían sido históricos (y muy generosos) patrocinadores de los certámenes FIFA, por lo que había llegado la hora de retribuirles la confianza.

Las chances de Corea del Sur parecían mínimas, pero la alianza con Europa incrementaría sus posibilidades considerablemente. El creciente estilo autocrático de Havelange al frente de la federación internacional le había ganado unos cuantos enemigos en suelo europeo, siendo el más importante Lennart Johansson, presidente de la UEFA. Por esos días, el directivo sueco desafiaba abiertamente al mandamás de la FIFA y, cuando trascendió que la organización vendería los derechos televisivos de la Copa del Mundo a la empresa International Sports & Leisure (ISL), intentó por todos los medios bloquear la operación. El argumento de Johansson era que esta venta confirmaba la parcialidad de la FIFA debido a que la agencia de publicidad japonesa Dentsu era propietaria del 49 % de las acciones de ISL. Pese a esto, el presidente de la FIFA siguió moviendo los hilos en favor de Japón y presionó a las federaciones del Caribe y Sudamérica para que se encolumnaran detrás del "caballo del comisario".

Fue en esos días que surgió desde distintos estamentos la idea de que las dos naciones asiáticas organizaran el torneo de manera conjunta. En un principio, dicha propuesta fue mal recibida por la ciudadanía surcoreana. Casi medio siglo de ocupación y dominio imperial por parte de los japoneses habían dejado heridas que aún no habían cicatrizado. En 1995, una encuesta realizada en Corea del Sur determinó que el 81 % de la sociedad se oponía a esta idea. Sorprendentemente, a principios de 1996, Corea del Norte entraría en escena de la manera más impensada.

Por increíble que parezca, y más teniendo en cuenta las dificultades financieras del régimen y la crisis humanitaria al norte del paralelo 38, el nuevo líder supremo, Kim Jong-il, propuso la realización de una Copa del Mundo en conjunto con sus vecinos del Sur. La noticia pronto recorrió la península y las primeras respuestas fueron más que positivas. Incluso Havelange, que ya tenía prometida la Copa a los japoneses, se frotaba las manos ante esta posibilidad ya que no solo lo ponía en carrera por un Premio Nobel de la Paz, sino que además confirmaba el estatus de la FIFA como el único organismo con el poder de imponer condiciones a cualquier país del mundo. Finalmente, el proyecto nunca terminó de cerrarse debido a los usuales rompimientos de relaciones entre ambas naciones, algo que se da cada cierto tiempo y que, junto con los ensayos militares, son la forma de llamar la atención que tiene el régimen para pedir una revisión de sanciones impuestas por Occidente. También no ayudó el hecho de que Seúl pusiera como condición inamovible ser la sede del partido final de esta eventual copa.

Aunque México también estaba en carrera para organizar el torneo por tercera vez en su historia, la real disputa se reducía solo a dos contendientes. La competencia entre japoneses y coreanos se había vuelto demasiado agria y ambos bandos se disparaban a mansalva con rumores sobre sobornos a distintos oficiales de la FIFA. Incluso las relaciones bilaterales a nivel gubernamental, que durante años habían sido solo correctas, levantaron temperatura y las viejas disputas de la era colonial volvieron a salir a la luz.

Fue Corea del Sur la que tuvo el primer acercamiento al declarar públicamente que estaban dispuestos a contemplar una organización conjunta de la Copa del Mundo, pero solo si Japón también se expresaba en ese sentido. Aunque los japoneses todavía se negaban a dar el brazo a torcer —"¿cómo rendirse ante una vieja colonia?", habrán pensado—, la presión internacional pudo más. Para la Confederación Asiática, un acuerdo de este tipo garantizaba la paz dentro de sus propias fronteras, mientras que para la UEFA y las demás asociaciones, era una solución salomónica en donde ganaban (y perdían) todos. Incluso Joao Havelange, quien ya se preparaba para dejarle el trono a su *consigliere*, Sepp Blatter, urgió a los japoneses para que aceptaran esta propuesta a riesgo de quedarse con las manos vacías. El 31 de mayo de 1996, los electores de la FIFA, reunidos en Zurich, votaron de forma unánime y por aclamación la elección de Corea del Sur y Japón como sedes de la Copa del Mundo 2002.

***

Tras la mala campaña en Francia 98 y con la presión de ser anfitriones en el próximo Mundial, la federación de Corea del Sur entendió que para no pasar papelones, debían confiarle las riendas de su seleccionado a un manager extranjero de renombre. Desde 1948 hasta 2001, solo el ruso Anatoliy Byshovets había roto la larga tradición de entrenadores autóctonos y ni siquiera duró demasiado en el cargo (desde agosto de 1994 a febrero de 1995). En esta ocasión, el elegido fue el holandés Guus Hiddink, campeón de la

Champions League con el PSV Eindhoven a finales de los años 80 y de una dilatada trayectoria europea que incluía pasos por el Valencia y el Fenerbahçe de Turquía y más recientemente en el Real Madrid. Hiddink había sido también el entrenador que llevó a semifinales a la selección holandesa en la última Copa del Mundo (cayó por penales ante Brasil).

Cuando aterrizó en Seúl, Guus sabía que tenía una tarea complicada entre manos. Dos años antes, había estado sentado en el banquillo del Stade Vélodrome de Marsella y pudo apreciar en vivo y en directo como sus dirigidos aplastaban a los surcoreanos por 5-0. Por ese entonces, los asiáticos adolecían de un cierto complejo de inferioridad con respecto a los futbolistas europeos y se escudaban en las excusas más inverosímiles para explicar su flojo rendimiento internacional. La favorita de la prensa (y los jugadores) era la diferencia de contextura física y altura entre unos y otros. Si bien en un momento de la historia tal disparidad podría haber tenido visos de realidad, para ese entonces la altura promedio de los surcoreanos había pasado de 1,63 metros en 1930 a 1,73 en 2002.

Sin dudas, el mayor problema que se encontró fue la cuestión de las jerarquías dentro del equipo, donde la edad jugaba un papel muy importante. Como sucede en las culturas de oriente, en Corea del Sur los ancianos son considerados de manera especial por ser portadores de experiencia y sabiduría. Por ejemplo, en la liga de Japón este reconocimiento hacia los mayores se traslada incluso en lo monetario: los jugadores históricos siguen percibiendo salarios abultados a pesar de que su contribución al equipo sea cada vez menor. Por esta razón, era usual que algún veterano pudiera dormirse en los laureles o una joven promesa no se anime a reclamar el lugar que le correspondía por derecho propio.

La solución del entrenador fue renovar el plantel por completo, dándoles mayor lugar a jóvenes como Park Ji-sung, futura estrella del Manchester United y que por ese entonces jugaba en el Kyoto Purple Sanga de Japón. Tam-

bién les pidió a sus futbolistas que comenzaran a pensar más por si mismos dentro del campo de juego.

Una de las características que Hiddink siempre destacó de los surcoreanos es su compromiso casi militar. Es un país que virtualmente seguía en guerra con su vecino después de cincuenta años y en donde el servicio militar es obligatorio, el compromiso por el bien común —ya sea la patria o el equipo— nunca se ponía en duda. Sin embargo, dentro del verde césped, ese apego al plan previamente establecido les quitaba sorpresa y los hacía predecibles. El entrenador les dio una nueva libertad en forma de rebeldía y los surcoreanos supieron aprovecharla. No fue un proceso fácil y, durante su primer año de mandato, Hiddink fue duramente cuestionado por la prensa local porque los resultados no eran los esperados. Sin embargo, cuando llegó la hora de la verdad Corea del Sur estuvo a la altura de las circunstancias.

El triunfo en el debut frente a Polonia por 2-0 no solo significó la primera victoria en una Copa del Mundo, sino que además era la casi certeza de que pasarían de ronda por primera vez en su historia. Los surcoreanos formaban parte del grupo D junto con los ya mencionados polacos, Estados Unidos y la selección portuguesa de Luis Figo y Rui Costa. A priori, los especialistas daban por perdido el partido frente a los lusos por lo que, en orden de clasificar a los octavos de final, el conjunto de Hiddink debía por lo menos sacar un empate frente a Polonia y derrotar al conjunto estadounidense, un equipo de jerarquía similar. Habiendo salido victoriosos del primer encuentro, todo hacía suponer que el *match* frente a EE.UU. sería pan comido. Sin embargo, al día siguiente, Estados Unidos dio la sorpresa mayúscula y triunfó 3-2 frente a Portugal. A partir de ese momento, el segundo encuentro ante los *yankees* tomó una dimensión totalmente distinta.

Pese a tener a casi todo el público a su favor en el estadio Blue Arc de Daegu, Corea del Sur tuvo que trabajar horas extras. Estados Unidos lideró el marcador durante gran parte de encuentro y solo a los 78 minutos los locales pudieron respirar con cierta tranquilidad cuando Ahn Junghwan puso de cabeza el 1-1 definitivo. Más tarde ese día, Portugal vapuleó a los polacos con un contundente 4-0, por lo que el último cruce de la fase de grupos sería decisivo para lograr la clasificación.

El 14 de junio, la gran mayoría de las 50 000 personas que coparon el Munhak Stadium de Incheon lo hicieron a la espera un milagro salvador y quiso la historia que el árbitro argentino Ángel Sánchez haya sido esa manifestación divina. A los 27 minutos, el referí expulsó correctamente a Joao Pinto tras una criminal tijera contra Park Ji-sung y los locales encararon el resto del partido con la tranquilidad del que se sabe en una mejor posición. Promediando los veinte minutos de la segunda mitad, nuevamente Sánchez volvió a ser el protagonista al expulsar a Beto por doble amarilla y a partir de allí la resistencia portuguesa se quebró. Tan solo cuatro minutos más tarde, una buena jugada colectiva dejó a Park en inmejorable posición para definir contra un flojo Víctor Baía. Con dos hombres de más en el campo de juego y toda la afición a su favor, Corea del Sur solo tuvo que aguantar los embates enloquecidos de un rival que veía como se le escapaba la clasificación. Por primera vez en su historia, el conjunto local accedía a la siguiente ronda del certamen. Si gracias a este logro Guus Hiddink se transformó en héroe nacional, lo que siguió después lo posicionó casi a la par de Tangun, el fundador y soberano de Gojoseon (2 333 AC), el primer reino coreano.

En octavos de final, la selección local debía medirse ante la Italia de Giovanni Trapattoni. Como era de esperarse, los europeos partían como grandes favoritos, pero lo que terminó sucediendo en el encuentro generó ecos que resuenan hasta hoy. Ese día, el árbitro ecuatoriano Byron Moreno sistemáticamente perjudicó a los europeos, sancionando a los pocos minutos un penal inexistente en favor de Corea del Sur. Aunque Gianluigi Buffon contuvo el disparo de Seol Ki-hyeon, los italianos supieron a lo que se enfrentaban.

El favoritismo manifiesto del juez no impidió que Christian Vieri abriera el marcador con un cabezazo para poner arriba a la *Azzurra*, pero, pese al gol, para el conjunto de

Trapattoni todo sería cuesta arriba. Moreno lentamente inclinó la balanza para el lado coreano, dejando pegar más de la cuenta al local y finalmente, a dos minutos del final, Corea del Sur consiguió el empate gracias a Seol.

En el tiempo extra, que por ese entonces aún se definía con la regla de gol de oro, los italianos lucían más enteros y cerca estuvieron de liquidar el pleito, pero el referí ecuatoriano volvió a entrar en escena expulsando al capitán Francesco Totti. Con un hombre menos —y con la sensación de estar siendo robados después de que le anularan a Tomassi un gol perfectamente legal— Italia no pudo aguantar hasta los penales y, a tan solo tres minutos para el final, Ahn Junghwan puso el 2-1 definitivo.

Como había ocurrido en 1966, otra vez un equipo de la península coreana eliminaba a Italia de una Copa del Mundo, pero en esta ocasión lejos estaba de ser una proeza sino más bien todo lo contrario. Pese a las justificadas quejas de sus rivales, nada empañó la fiesta que se desató por toda Corea del Sur, donde ya se palpitaba el histórico choque de cuartos de final. Por su parte, Byron Moreno no volvió a dirigir más en ese Mundial y ese mismo año fue suspendido por la federación ecuatoriana tras una polémica actuación en un partido de la liga local. Con el tiempo, las tendencias criminales del referí se fueron potenciado y en 2010 fue detenido en el aeropuerto John F. Kennedy de Nueva York con seis kilos de heroína.

En la siguiente ronda, los surcoreanos debían medirse contra la España de Raúl, Morientes, Casillas y Fernando Hierro, entre otros. Cualquiera pensaría que, después de lo sucedido en el partido ante Italia, la FIFA habría puesto especial énfasis en el trabajo de la terna arbitral, pero con el polémico Jack Warner de por medio, otra vez un manto de sospechas cubrió el encuentro.

El dirigente de Trinidad y Tobago era el encargado de designar los árbitros y para esta ocasión escogió a Gamal al Ghandour (Egipto), árbitro, y Ali Tomusange (Trinidad y Tobago) y Michael Ragoonath (Uganda) como jueces de línea. Antes del *match*, muchos cuestionaron la elección de los colegiados por considerar que, al ser representantes de federaciones menores, no tenía la experiencia necesaria para llevar las riendas de un partido tan importante. A la luz de resultado, fue precisamente esa condición lo que los hizo ideales para realizar la tarea encomendada.

En la primera mitad de juego, las acciones fueron bastantes parejas, con los españoles ejerciendo un dominio más contundente en los últimos minutos. Hasta ese momento, el partido había ido por los carriles normales, aunque se veía que nuevamente el colegiado dejaba pegar en exceso a los surcoreanos. En la segunda mitad, el dominio español dejó de ser solo una sensación para ser algo contundente y a los 50 minutos de juego Ghandour, inexplicablemente, le anuló un gol a Baraja. No hubo *off-side*, no hubo falta en ataque. Un misterio.

Pese a la injusticia, España siguió yendo a buscar el partido. Salió Valerón y entró Luis Enrique, salió Iván Helguera y entró Xavi, pero el cerrojo defensivo de los coreanos nunca se abrió. Consciente de las limitaciones de sus jugadores, Hiddink les había entrenado bien desde lo táctico y así consiguieron mantenerse a flote. Esto no quiere decir que Corea del Sur se haya dedicado solo a aguantar los embates de su rival. De hecho, Iker Casillas fue exigido en varias ocasiones, pero irremediablemente el partido tenía destino de alargue otra vez.

En el suplementario una nueva polémica se desató cuando, apenas empezado, Fernando Morientes marcó el gol que le daba la clasificación a semifinales, pero el juez de línea levantó el banderín y lo anuló por considerar que la pelota había salido cuando Joaquín tiró el centro. España cayó presa del nerviosismo ante la evidencia que le estaba sucediendo lo mismo que a Italia, mientras que Corea del Sur siguió apegado a su libreto. Al final, el partido se decidió en la tanda de penales y, pese a que en este tipo de definiciones hay mucho de suerte, lo cierto es que los ibéricos llegaron a esa instancia con los nervios de puntas. Cada equipo convirtió sus respectivos tres primeros disparos, pero cuando le llegó el turno a Joaquín, el hombre del

Betis pateó con demasiada displicencia y su tiro fue contenido por Lee Woon-jae. Inmediatamente después, Hong Myung-bo sería el encargado de poner el definitivo 5-3 que les dio a los locales el pase a la histórica semifinal.

Ahora bien, pese a que Corea del Sur había llegado a la última semana de la competición con un poco de ayuda de sus "amigos", también es cierto que, como nunca en su historia, el seleccionado contaba con jugadores de calidad y de los cuales más de la mitad jugaba en su liga profesional. Como la federación coreana armó el cronograma de su competición acorde a las exigencias del seleccionador, Corea del Sur llegó a la Copa del Mundo en óptimas condiciones físicas a diferencia de otras selecciones como la Argentina de Marcelo Bielsa, considerada en ese entonces como el mejor equipo del mundo junto a Francia, pero que, debido al desgaste de sus estrellas europeas, llegó a la cita mundialista con el tanque de reserva y fue eliminada en primera ronda.

El pase a semifinales llevó el fanatismo de los coreanos por el fútbol a niveles insospechados. Corea del Sur se había transformado en un país que respiraba futbol y ahora le tocaba medirse afrente a la todopoderosa Alemania. Aunque en esta ocasión fueron ampliamente superados por su rival, recién a 15 minutos del final los alemanes pudieron romper igualdad con una rápida contra a la que Michael Ballack le dio la puntada final. Pese a que cuatro días más tarde los surcoreanos volvieron a caer en el partido por el tercer puesto frente a Turquía, la obvia frustración no empañó la felicidad colectiva de todo el pueblo que vivió ese mes como uno de los momentos más felices de su historia.

***

¿Y cómo se vivió este evento al norte del paralelo 38? Pese a que Pyongyang había insinuado su intención de organizar aquel Mundial en conjunto con Seúl, al final ni siquiera participó de las eliminatorias para el certamen. Aunque oficialmente aún estaba vigente el duelo por el fallecimiento de Kim Il-sung, lo cierto es que durante ese tiempo la crisis alimentaria todavía estaba en auge y las prioridades del régimen pasaban por otro lado. Posiblemente, por este último motivo, las autoridades norcoreanas rechazaron la oferta de la FIFA para ser sede de uno o dos partidos de la Copa del Mundo 2002.

Dada la frágil situación económica del Norte, Corea del Sur decidió poner en marcha lo que internacionalmente se conoció como la "Sunshine Policy", un paquete de medidas impulsadas por el presidente Kim Dae-jung, las cuales tenían como fin tender puentes económicos entre los estados hermanos y suavizar la percepción que tenían los norcoreanos para con los vecinos. Pese al acercamiento y el descongelamiento de relaciones, había mucho miedo entre los organizadores por posibles atentados durante la copa. En ese momento, el mundo aún no se había recuperado totalmente del shock que significó el ataque a Estados Unidos el 11 de septiembre de 2001. Los atentados terroristas en Nueva York y Washington no solo fueron un golpe directo en el corazón del capitalismo, sino que la magnitud de la tragedia dejó la sensación de que cualquier país, sin importar sus riquezas y sus medidas de seguridad, era vulnerable.

En enero de 2002, en el tradicional discurso del Estado de la Unión que inaugura el periodo legislativo de Estados Unidos, el presidente George W. Bush identificó a Corea del Norte como parte del "Eje del Mal", un grupo de países contrarios a los intereses (supuestamente) democráticos del gobierno estadounidense y que apoyaban abiertamente al terrorismo. Como ya se dijo anteriormente, los vínculos entre Estados Unidos y Corea del Sur eran demasiado fuertes como para que una declaración de este tipo no fuese tomada en cuenta. Aliado histórico de Washington, Seúl no podría permanecer neutral en la batalla. Y así ocurrió. Aunque no fue miembro activo de la coalición, las fuerzas armadas surcoreanas enviaron médicos e ingenieros a los campos de batallas de Afganistán e Irak.

En medio de ese clima internacional convulsionado, a principios de 2002, Sepp Blatter viajó a Pyongyang. Con el Mundial a la vuelta de la esquina, el presidente de la FIFA

—había sucedido a Havelange en 1998— necesitaba garantías de que Corea del Norte no iba a entorpecer el normal desarrollo del certamen deportivo. Aunque no llegó a juntarse con el líder Kim Jong-il, las máximas autoridades del régimen le dijeron al suizo que se quedara tranquilo. A pesar de esta promesa, los surcoreanos estaban intranquilos y no querían que se repitiera lo ocurrido en 1987, cuando un avión de Korean Air fue derribado matando a las 115 personas que viajaban a bordo del aparato. Las investigaciones posteriores determinaron que un terrorista norcoreano había sido el culpable del atentado.

Desde principios de los años 90, la televisión estatal norcoreana emitía al final de cada Mundial un resumen de lo acontecido en el certamen, pero con la salvedad de que todos los partidos en donde participaba Corea del Sur ni siquiera eran mencionados. En 2002 en cambio, la fiebre mundialista logró traspasar la frontera más militarizada del mundo y la radio estatal Pyongyang Broadcasting System dio detalles del empate 1-1 frente a Estados Unidos en la fase de grupos, aunque en ningún momento informaron que se trataba de un partido de Copa del Mundo. Recién después del partido ante Italia, la televisión estatal transmitió un compilado de una hora en donde los comentaristas norcoreanos lanzaban loas a sus vecinos y rememoraban la histórica victoria de su selección sobre los europeos en el Mundial 1966. Esta modalidad se repitió con el resto de los partidos que los surcoreanos disputaron en el torneo.

A pesar de la efervescencia y la alegría colectiva, la preocupación de Corea del Sur con la posibilidad de que ocurrieran incidentes demostró ser acertada. El 29 de junio, jornada en la que el local se medía ante Turquía por el tercer puesto, un incidente naval encendió las alarmas en toda la península. En la mañana del partido, un intercambio entre patrullas de ambas naciones que se cruzaron en la isla de Yeongpyeong dejó como saldo seis solados surcoreanos muertos y dieciocho heridos.

SUDÁFRICA 2010

Tras más de una década de no enfrentarse dentro del campo de juego (al menos en lo que respecta al seleccionado masculino), en agosto de 2005 Corea del Norte y Corea del Sur jugaron dos veces en menos de quince días. El primer partido, que terminó 0-0, fue en el marco de la East Asian Football Championship, un torneo regional que se disputa cada dos o tres años en el este del continente. Sin embargo, el encuentro más importante fue el amistoso jugado el 14 de agosto en Seúl y que formó parte de la celebración por el 60 aniversario del fin de la ocupación japonesa en la península de Corea. Detrás de la organización de este *match* estaba el Ministerio de la Unificación, un organismo creado a finales de los años 60 y cuyo principal objetivo era la normalización de las relaciones intercoreanas.

Durante las celebraciones, que se extendieron por varios días, hubo muchísimos gestos que buscaron allanar el camino para una futura reconciliación. Por ejemplo, una delegación del gobierno norcoreano concurrió al parlamento surcoreano como invitados de honor y cuarenta familias que habían sido separadas por la guerra tuvieron la chance de volverse a encontrar después de varias décadas de no verse. Pese a que el Sur ganó con comodidad 3-0, el clima de concordia que se vivió durante el encuentro —y que se extendió al partido entre las selecciones femeninas disputado al día siguiente— permitió soñar con repetir la experiencia del Mundial juvenil de 1991. Durante un tiempo se fantaseó con la idea de que ambas Coreas enviaran una delegación conjunta a los Juegos Asiáticos de Doha 2006 y los Juegos Olímpicos de Beijín 2008, respectivamente. Ya desde los Juegos Asiáticos de Invierno disputados en Aomori en 2003, ambas delegaciones habían comenzado a desfilar en conjunto durante la ceremonia de inauguración y de cierre, algo que se volvió a repetir en los Juegos Olímpicos de Atenas 2004. Pero aquí la cuestión era más compleja y requería de una ingeniería diplomática que no siempre estaba bien aceitada. Entre 2005 y 2007 se realizaron varias reuniones bilaterales para establecer los lineamientos básicos de esta delegación conjunta, tales como el himno (se utilizaría la versión de principios del siglo XX), la bandera o la ropa de los atletas, pero cuando llegaba la hora de discutir cómo se seleccionarían los atletas la cosa se complicaba. Para los deportes individuales habían llegado a un principio de acuerdo sobre la elección de los mejores del ranking internacional, pero en cuanto a los deportes grupales Corea del Norte pretendía que cada disciplina contara con igual cantidad de representantes de ambas naciones y no necesariamente a los mejores. El fútbol particularmente, era el deporte que planteaba más dificultades ya que Corea del Sur venía de ser semifinalista de la Copa del Mundo 2002 y Corea del Norte era potencia a nivel femenino. Finalmente, la propuesta de una delegación conjunta no llegó a buen puerto y los países compitieron de manera separada en los Juegos Olímpicos de Beijín 2008.

✳✳✳

Si durante algunos años pareció que el deporte, y en especial el futbol, sería el puente para fortalecer la relación y concretar la tan ansiada unificación, las eliminatorias asiáticas para la Copa del Mundo Sudáfrica 2010 echaron un baño de realidad. Después de ganarle en primera ronda a Mongolia por un global de 9-2, los norcoreanos quedaron emparejados en el grupo tres junto a Corea del Sur (cabeza de serie), Turkmenistán y Jordania. Con sus enemigos ideológicos como principales candidatos a quedarse con el primer puesto de la zona, el seleccionado del Norte debía disputarse con los otros rivales el paso a la ronda final.

El 26 de marzo de 2008, ambas selecciones salieron a la cancha a jugar el primero de los dos cruces entre sí correspondientes a esta fase, pero no lo hicieron ni en Seúl ni en Pyongyang. Debido a que el régimen norcoreano se negó a hacer sonar el himno y desplegar la bandera de Corea del Sur, a la FIFA no le quedó otra alternativa que mover el partido hacia terreno neutral y el lugar escogido fue la ciudad china de Shanghái. La negativa de Pyongyang se debió principalmente a que el nuevo presidente surcoreano,

Lee Myung-Bak, había condicionado la normalización de relaciones a que Corea del Norte se deshaga de su arsenal nuclear. Esto significó un cambio rotundo con respecto a la "Sunshine Policy" instaurada por el expresidente Kim Dae-Jung y que había resistido hasta ese momento pese a las constantes provocaciones norcoreanas.

El clima distendido que había primado en los encuentros anteriores desapareció por completo en esta oportunidad. Otra vez la tensión se había apoderado del ambiente y el juego brusco hizo su aparición. Previsiblemente, el partido terminó 0-0, entre otras cosas porque los surcoreanos hicieron todo para cuidarse de las patadas de sus rivales. En los días posteriores al encuentro, la prensa de Corea del Sur aseguró que el régimen de Pyongyang contrató a miles de ciudadanos chinos para que llenasen las gradas del Shanghai Stadium y alentaran al equipo. En el partido de vuelta, jugado el 22 de junio en Seúl, el resultado nuevamente fue empate 0-0, aunque en este caso las autoridades de la federación surcoreana si permitieron que flameara la bandera y se escuchara el himno del Norte en la previa del encuentro. A pesar de este gesto tendiente a tratar de salvaguardar la relación, en los Juegos Olímpicos de Beijing 2008 ambas delegaciones rompieron con la corta tradición de desfilar juntos.

Para sorpresa de todos, las dos Coreas accedieron a la fase final y nuevamente se encontraron emparejadas dentro del mismo grupo, esta vez acompañados por Irán, Emiratos Árabes Unidos y Arabia Saudita. Como había sucedido en la ronda anterior, el primer partido debió jugarse en China ante la negativa de hacer sonar el himno o izar su bandera surcoreana y, al igual que antes, el partido acabó en empate, aunque en este caso el resultado fue 1-1.

La paridad finalmente se rompió en el partido de vuelta, jugado en Seúl el 1 de abril de 2009. En esa oportunidad, los locales consiguieron la victoria por la mínima gracias al gol convertido por Kim Chi-woo a tan solo cinco minutos del final. Previsiblemente, cuando terminó el encuentro los jugadores norcoreanos fueron a recriminarle al referí omaní por varias incidencias ocurridas, pero lo verdaderamente interesante sucedió en los días posteriores. La federación norcoreana de fútbol elevó una queja formal a la FIFA y a la AFC denunciando que el gobierno surcoreano había envenenado a varios jugadores. Horas antes de que comenzara el partido, el entrenador del Norte, Kim Jong-hun, solicitó a las autoridades de la confederación posponer el partido y mudarlo a una sede neutral debido a que tres de sus futbolistas presentaban síntomas de intoxicación por ingesta de alimentos en mal estado. Según la federación surcoreana, cuando el director técnico del rival denunció el supuesto envenenamiento, un médico de la AFC revisó a los jugadores y desestimó la acusación. El aparato de prensa del régimen culpó al presidente surcoreano, Lee Myung-Bak, como autor intelectual del hecho a la vez que señaló que el referí del partido fue totalmente parcial y no convalidó el gol de Jong Tae-se que les hubiese dado a los visitantes la ventaja. Pese a esto, Corea del Norte finalmente conseguiría la hazaña de clasificar a la Copa del Mundo 2010. Esta sería la segunda vez en la historia en que un combinado de ese país concurriría al certamen más importante del fútbol de la Tierra.

Mucho había cambiado en el mundo desde la última vez que los norcoreanos compitieron al más alto nivel y, pese al hermetismo con el que se vivía en el régimen de los Kim, el fútbol moderno también había penetrado la militarizada frontera del estado ermitaño. En 1966, la totalidad de los futbolistas de Corea del Norte integraban equipos de la liga local, todos ellos representantes de alguna compañía estatal o ministerio. Aunque en esta ocasión los jugadores del medio local seguían siendo mayoría, tres de los convocados por el entrenador nacional jugaban en el extranjero: el capitán Hong Yong-jo (Rostov de Rusia), Kim Myong-gil (Omiya Ardija de Japón) y Jong Tae-se (Kawasaki Frontale de Japón). Aun así, poco se sabía de esta selección y cuando por sorteo terminaron en el Grupo G junto con Brasil, Portugal y Costa de Marfil, la curiosidad se apoderó de todos. Como suele suceder en los asuntos donde la información escasea, pronto las leyendas fueron llenando los vacíos que no podía completar la realidad y la corta estancia del combinado asiático en tierras africanas dejó varias historias dignas de ser contadas.

La primera de ellas fue la sorpresa que causó ver a varios simpatizantes norcoreanos en las gradas de los estadios sudafricanos. Teniendo en cuenta el férreo control ejercido por el régimen, resultaba sospechoso que tantos ciudadanos tuvieran la posibilidad de experimentar la vida y el vulgar lujo capitalista por fuera de las fronteras del reino de los Kim. Tiempo más tarde, se dijo que los fanáticos de Corea del Norte realmente eran chinos contratados por Pyongyang para alentar al equipo y dar la sensación de "normalidad". Lo que se dice, un cuento chino.

Otro de los momentos memorables ocurrió instantes antes de iniciarse el primer partido ante Brasil, cuando las cámaras captaron al futbolista Jong Tae-Se llorando a mares durante el himno nacional norcoreano. Lo que tranquilamente podría haber sido solo una expresión de emoción por estar cumpliendo un sueño, por años fue sindicado como un momento de tristeza absoluta. Según las versiones que circularon en los medios, Jong en realidad lloraba porque cuatro de sus compañeros habían escapado de la concentración y habían solicitado asilo al gobierno sudafricano. Fue el propio futbolista –japonés de nacimiento– quien años más tarde desmintió esta versión y aseguró que sus lágrimas se debieron a que en las tribunas estaban sus padres y su primer entrenador.

En cuanto a lo deportivo, previsiblemente el equipo perdió en sus tres presentaciones y quedó eliminado en primera ronda, aunque se dieron el lujo de convertirle un gol a Brasil en los últimos minutos de su debut. Ese día, a pesar de ser claramente superiores, la *verdeamarella* solo ganó 2-1 y ese tanto de Ji Yun-nam recorrería todos los noticieros del mundo. Pero lo más curioso fue lo que sucedió en torno al segundo partido, la dura derrota 7-0 frente a Portugal. Según pudo saberse años más tarde gracias al testimonio de un maratonista portugués que viajó a Corea del Norte, el

régimen hizo creer a los ciudadanos que el encuentro solo había terminado 4-0 y que los lusos habían sido los campeones del certamen y no España. La lógica detrás de esta mentira era simple: hacerle pensar a la gente que se perdió contra el mejor equipo por un resultado aceptable.

Puede que estas historias resulten graciosas, pero lo que sucedió después del Mundial no tuvo nada de cómico. Según informes de una radio con base en Estados Unidos llamada Free Asia, al poco tiempo de terminado el certamen la mayoría de los jugadores y el cuerpo técnico de la selección nacional fueron sometidos a una especie de juicio público en donde se les pidió explicaciones por su mal desempeño. Ante un tribunal compuesto por atletas de otras disciplinas, el ministro de deporte y oficiales del gobierno (y que fue transmitido por la televisión estatal), el plantel debió soportar un proceso de seis horas en donde se discutió punto por punto su actuación en Sudáfrica. Así y todo, los futbolistas pudieron considerarse afortunados ya que evitaron ser enviados a campos de reeducación y trabajos forzados, una pena que enfrentaban muchos de los atletas norcoreanos que tenían una mala actuación en el extranjero. Quien no tuvo tanta suerte fue el director técnico, Kim Jong-hun, quien fue acusado de traición, expulsado del Partido de los Trabajadores y enviado a realizar arduas tareas manuales en el rubro de la construcción. Nunca más se lo vio cerca de un campo de futbol.

¿Y cómo se vivió la aventura mundialista de los norcoreanos al sur del paralelo 38? En Corea del Sur, que en ese torneo compartió grupo con la Argentina de Diego Armando Maradona y alcanzó los octavos de final (perdió 2-1 ante Uruguay en esa instancia), había sensaciones encontradas. El 26 de marzo de 2010, una corveta del ejército surcoreano se hundió en la zona del Océano Amarillo cercana a aguas internaciones norcoreanas, dejando un saldo de 46 muertos. Pese a que en un principio se había descartado que hubiera sido un ataque, semanas más tarde se dio a conocer un informe donde se concluía que el culpable del hundimiento había sido un torpedo norcoreano. De más está decir que los ánimos en la península estaban más caldeados que de costumbre y nadie al sur del paralelo tenía muchas ganas de alentar a sus vecinos.

Pese a estos hechos recientes, el jugador emblema de la selección surcoreana, Park Ji-Sung, fue uno de los que públicamente intentó bajar la tensión. En repetidas declaraciones a la prensa internacional, el hombre del Manchester United aseguró que iba a ver todos los partidos de los norcoreanos y a alentar por ellos: "Hablamos el mismo idioma y tenemos una cultura en común. Somos un solo país. Esta es la primera vez en la historia en la que ambas selecciones jugamos un Mundial al mismo tiempo. Aunque su grupo es muy difícil, Corea del Norte es un hueso duro de roer. Quiero ver como compiten contra los equipos más poderosos del mundo".

Este acto de caballerosidad deportiva de Park fue en respuesta a otro ocurrido tiempo antes cuando los jugadores norcoreanos que militaban en el extranjero le agradecieron públicamente al surcoreano por su gol en el partido de eliminatorias ante Irán ya que ese empate 1-1 fue lo que terminó de darle la clasificación mundialista a Corea del Norte. Las declaraciones de capitán de Corea del Sur ayudaron a descomprimir el ambiente y en los bares de Seúl se sintió el apoyo por Corea del Norte durante los partidos que jugaron en la Copa del Mundo.

Sin embargo, tras la muerte de Kim Jong-il ocurrida en diciembre de 2011, y la llegada al poder de su hijo Kim Jong-un, las relaciones intercoreanas se hicieron más volátiles que de costumbre. El carácter impredecible del joven sucesor —que durante los primeros años en el poder realizó sangrientas purgas entre los oficiales que habían servido bajo las órdenes de su padre— puso en pausa cualquier tipo de distensión. Recién en 2018, los canales diplomáticos entre ambas naciones volvieron a ser fluidos.

CAPÍTULO 2

IRÁN VS ESTADOS UNIDOS EN FRANCIA 1998

UNA CITA CON EL GRAN SATÁN

En la historia de las Copas del Mundo pocos partidos resultaron tan importantes como el que jugaron las selecciones de Estados Unidos e Irán durante el Mundial de Francia 1998, aunque esta trascendencia nada tenía que ver con cuestiones futbolísticas. Bien lo explicó el mexicano Juan Villoro, cuando por esos días escribió que el fútbol valía la pena, entre otras cosas, porque "los norteamericanos son eternos principiantes" y resulta divertido verlos luchar con todas sus fuerzas para acceder a la siguiente ronda.

A finales de los años 90, el *soccer* seguía siendo un producto difícil de vender en la tierra del Tío Sam. Aunque el país había sido sede del certamen cuatro años atrás y la novel Major League Soccer (MLS) atraía una respetable cantidad de público a los estadios, todavía faltaba mucho camino por recorrer para que la MLS tuviera el nivel de penetración que ostenta hoy en día con 27 franquicias en competencia y 3 más en espera para ingresar a partir del año 2023. Así y todo, cuando el 4 de diciembre de 1997 se realizó el sorteo del Mundial en la ciudad de Marsella, la incredulidad se apoderó del auditorio segundos después de confirmarse que iraníes y norteamericanos compartirían el Grupo F. La verdad sea dicha, en algún momento del siglo XX Estados

Unidos había estado en conflicto con todos los integrantes de su zona —Alemania y lo que quedaba de Yugoslavia eran los otros equipos— pero el morbo que rodeaba al partido con Irán traspasaba todos los niveles. En los días siguientes, el propio presidente de la United States Soccer Federation (USSF), Alan Rothenberg, echó más leña al fuego al declarar que este encuentro en particular sería la madre de todas las batallas. De buenas a primeras, en una nación que apenas si se interesaba por este deporte (durante la ceremonia de apertura de USA 94 las principales señales de televisión trasmitieron la persecución policíaca de la vieja estrella de *football* americano, O J Simpson), un simple partido de fútbol pasaba a ser una cuestión de estado.

Al otro lado del mundo, la noticia fue recibida como un regalo del mismísimo Alá. En Irán, el fútbol está apenas unos escalones por debajo de la religión y no todos los días se tenía la posibilidad de enfrentar al Gran Satán en un campo de batalla donde ambos contendientes estuvieran a la misma altura. Para los iraníes, jugar es un acto de fe y en cada partido de la selección un retrato gigante del Ayatola ofrece su bendición a quienes han sido elegidos para defender el honor de una nación en donde los límites que separan a la religión del estado prácticamente no existen.

Durante los días previos a los cotejos, los diarios y los canales de televisión calentaron el ambiente con titulares como "¡Vamos, en nombre de Alá!" y, para cuando llegó la hora de que rodara la pelota, las gradas del estadio Azadi en Teherán estaban completas de fanáticos que rujían fervorosamente en favor de sus muchachos (en los ocho encuentros que jugó como local en las eliminatorias para Francia 98, el equipo nacional iraní convocó a más de 615 000 espectadores). Teniendo en cuenta este contexto, no es de extrañar que el puesto de seleccionador nacional sea el trabajo más inestable del país. En la campaña clasificatoria al Mundial 1998, Irán inició su camino con el local Mayeli Kohan sentado en el banquillo, pero, tras una derrota ante Arabia Saudita, su lugar fue ocupado por el brasileño Valdeir Veira, quien guió al equipo hasta la victoria en el repechaje ante la selección de Australia. Lamentablemente para Veira, su contrato fue terminado tras la histórica clasificación y su puesto fue ocupado por el croata Tomislav Ivic, un manager de experiencia europea (había dirigido al Ajax, el Benfica, Porto y Atlético de Madrid, entre otros) aunque este tampoco llegaría a dirigir en la Copa. Una dura derrota 7-1 frente a la Roma de Italia durante la preparación mundialista lo eyectó del cargo siete días antes del inicio del certamen y su lugar fue ocupado por Jalal Talebi.

DE LA INDIFERENCIA AL ODIO

Hasta mediados del siglo XX, las relaciones diplomáticas entre Estados Unidos e Irán eran cordiales, pero no muy importantes. Durante esos años, Washington demostró muy poco interés en los asuntos árabes y centró toda su atención en lo que sucedía principalmente en Europa y en América Latina, pero todo cambió a finales de la Segunda Guerra Mundial. Tras la victoria de los Aliados y el tácito reparto del mundo por parte de Estados Unidos y la Unión Soviética, el globo terráqueo se transformó en un gran tablero de juegos donde las dos superpotencias peleaban casi a diario por ver quien se quedaba con mayor cantidad de zonas de influencias. Pese a formar parte del bando victorioso, el otrora gran imperio británico quedó reducido a una sombra de lo que había sido en su época de esplendor y los aires de independencia se extendían desde Nueva Delhi hasta Dublín. Igual suerte corrían las colonias francesas en África, donde los grupos independentistas comenzaron a recibir asistencia y entrenamiento por parte de la Unión Soviética. Irán no estaba exento de este TEG a escala mundial que jugaban norteamericanos y soviéticos. Pese a ser un estado soberano, en 1941 el territorio iraní fue ocupado por fuerzas aliadas y el Shah Reza Pahlevi —de manifiesta simpatía para con la Alemania Nazi— fue obligado a abdicar en favor de su hijo, Mohammad Reza Pahleví, quien a partir de ese momento se transformó en fiel un colaborador de los Aliados.

La dinastía de los Reza había llegado al poder tras derrocar a los anteriores monarcas —los Qayar— en 1925 y después de tomar el control del estado, pusieron en marcha un proceso de modernización del país en donde el deporte fue un pilar fundamental. Reza Shah impulsó la adopción de ropas y costumbres occidentales entre sus súbditos como primer paso para crear un nuevo hombre iraní. La buena salud, la cooperación y la competición masculina eran para Reza esenciales para la formación del carácter y, en ese contexto, el futbol se volvió un método infalible para arraigar estas nuevas ideas en la sociedad. Por esta razón, el Shah se encargó de construir canchas de futbol y de otras disciplinas por todo el territorio, aun cuando en el proceso debió demoler algunas mezquitas. De más está decir que estas nuevas ideas no le ganaron mucha simpatía entre los sectores más tradicionales de la sociedad ni en el clero. El apoyo de los religiosos chiitas (una de las ramas del islam y la principal en el país) fue la fuente de legitimidad de la monarquía a lo largo de la historia de Irán. Sin embargo, las reformas constitucionales de principios de XX y la secularización del estado hicieron que los clérigos perdieran influencia en el ámbito político, aunque no así en la opinión pública, especialmente en el interior del país.

La prédica del Shah por el fútbol pronto dio resultados y para la década de los años 60 el deporte se había transformado en pasión de multitudes. La sociedad estaba cambiando producto de las migraciones internas hacia las grandes ciudades como Teherán y gracias a este fenómeno de urbanización de la población, el balompié fue ganando cada vez más adeptos. Los estadios se volvieron puntos de encuentro donde nuevos lazos reemplazaban a los antiguos vínculos rituales de las pequeñas comunidades. La irrupción de la TV a mediados de la década fue crucial en este proceso, al masificar aún más el espectáculo. En los días de partido, cada hogar iraní (al menos en las grandes ciudades) se transformaba en una tribuna más. La culminación de este proceso de *futbolización* ocurrió en 1968 cuando el país organizó la Copa de Asia y se alzó con el campeonato tras derrotar 2-1 a Israel, en un partido cargado de tensión política. Tan solo un año antes, Irán se había negado a participar de la "Guerra de los Seis Días", una ofensiva coordinada de varios estados árabes contra los israelíes, y por esta razón la mayoría de los estados musulmanes boicotearon la realización de este certamen en tierras iraníes. Cuando llegó la hora del último partido —en ese momento el torneo se definía por puntos y no por eliminación— un sentimiento pro islámico se apoderó de la sociedad, resentida aun porque Irán no se había inmiscuido en la guerra. Para la mayoría, el *match* no era entre dos países sino entre dos grupos religiosos. Tras la victoria, empezaron a correr varios rumores en torno al Shah y su intromisión para garantizar el éxito y así disipar el descontento entre sus súbditos por no haber sido parte de la ofensiva bélica. Por esos días se dijo que el gobierno había sobornado al árbitro e incluso se llegó a sugerir que Israel había perdido a propósito, a modo de agradecimiento al monarca iraní por mantenerse neutral.

Este primer título continental transformó a los jugadores nacionales en verdaderas estrellas e inició una seguidilla de éxitos en el certamen asiático que llevó al seleccionado de Irán a consagrase campeón otra vez en las ediciones de 1972 y 1976. Pero las alegrías en el plano futbolístico no alcanzaban para apaciguar los ánimos fronteras adentro.

Pese a que bajo su reinado Irán se modernizó en muchos aspectos y tuvo lugar una reforma agraria muy importante, el descontento de la ciudadanía para con el Shah Mohammad Reza era cada vez más grande. La censura política en el país era total. La temible SAVAK —la policía secreta del monarca— cazaba y torturaba a intelectuales y disidentes, lo que generaba una oposición cada vez más radicalizada y que se referenciaba en el Ayatola Ruhollah Jomeiní, la máxima autoridad chiita y líder religioso de la nación.

A los pedidos de mayor libertad política pronto se le sumaron, también, reclamos de índole económica. Las reformas impulsadas desde el estado solo beneficiaban a los estratos más altos de la sociedad (principalmente a quienes pertenecían a la industria petrolera y la monarquía) y gran parte de la población todavía no había podido disfrutar de las mieles del capitalismo. Así y todo, Irán se permitía organizar grandes eventos deportivos como los Juegos Asiáticos de 1974 y, por qué no, soñar con ser sede de los Juegos Olímpicos.

En ese tiempo tan convulsionado, el principal sostén del Shah era Estados Unidos. Tras el final de la guerra contra las fuerzas del Eje, la relación entre Washington y Teherán era muy fluida y los favores era recíprocos. En 1953, Reza había demostrado su lealtad al permitir abiertamente que la CIA y el M16 ejecutaran la "Operación Ajax", un golpe de estado contra el primer ministro iraní Mohammad Mosaddeq. Enfrentado políticamente con Reza, a principio de los años 50 Mosaddeq puso en marcha un plan de estatizaciones que incluyó, entre otros, al petróleo iraní, hasta ese entonces en manos de la británica Anglo-Persian Oil Company. Pese a que el líder político contaba con el apoyo de la mayoría de sus conciudadanos y además defendió con vehemencia en la ONU el derecho de su nación a defender sus recursos, la asonada militar urdida entre Langley y Londres resultó exitosa y Mosaddeq fue destituido y detenido.

Pero con los años, incluso la protección de Estados Unidos fue insuficiente. A partir de 1977, las manifestaciones en contra del monarca se volvieron cada vez más frecuentes, a la vez que la figura del Ayatola Jomeini crecía en popularidad. Irán exhibía altos índices de pobreza y mortalidad infantil que contrastaban con el lujo de las elites. Finalmente, la mecha de la revolución se encendió el 8 de septiembre de 1978 cuando las fuerzas militares dispersaron violentamente una multitudinaria manifestación congregada en la plaza Yalé de Teherán. Esta jornada, que sería conocida a posteriori como "El viernes negro", dejó un número aún indeterminado de muertos (algunos hablan de más de 15 000 muertos y heridos).

Las fichas de dominó comenzaron a caer y, tras la masacre de la plaza Yalé, se decretó una huelga por tiempo indeterminado en el sector petrolífero que afectó las arcas del estado. Las reivindicaciones de los manifestantes eran unánimes: el regreso de Jomeini tras quince años de exilio en Irak y la salida del Shah Mohammad Reza Pahlavi. La primera de las conquistas se obtuvo el 16 de enero de 1979 cuando el todavía monarca escapó a Egipto para nunca más volver al suelo iraní. Dos semanas más tarde, el 1 de febrero, el vuelo de Air France que trasladaba al Ayatola aterrizó en Teherán y el religioso fue recibido por más de 5 millones de personas.

Elevado a la categoría de Líder Supremo, Jomeini anunció la creación de la República Islámica de Irán y declaró que la máxima autoridad del país quedaría en manos del *Velayat-e-faqiho* o Guardián de la ley islámica, un religioso de máximo rango. Aunque técnicamente existía el cargo de presidente, este era un título honorífico y sin mucho poder real. Rápidamente, el Ayatola reprimió a clérigos opositores que, aunque también querían la caída del Shah, rechazaban la interferencia de la religión en cuestiones políticas.

Previsiblemente, la llegada al poder de los sectores religiosos más conservadores no fue una buena noticia para Occidente. Señalado como el garante del poder del Shah, Estados Unidos se transformó en El Gran Satán y en el blanco predilecto en los discursos de Jomeini. Por este motivo, cuando Washington permitió que Mohammad Reza viajara a Nueva York para tratarse un tumor que lo terminaría matando meses más tarde, los estudiantes iraníes —uno de los pilares del poder de Jomeini— organizaron manifestaciones en torno a la embajada estadounidense en Teherán. Aunque el Ayatola no había instigado las marchas, no hizo nada para disuadirlas y el 4 de noviembre de 1979 más de 500 estudiantes irrumpieron en las oficinas diplomáticas estadounidenses. Ese día se inició una toma de rehenes que duró más de un año, que tuvo dos intentos de rescate fallidos y que fue uno de los motivos por los que en 1980 el presidente Jimmy Carter perdió la reelección a manos del candidato republicano, Ronald Reagan. Aunque el nuevo Comandante en Jefe llegó a un acuerdo diplomático con los iraníes y los rehenes fueron liberados en 20 de enero de 1981, las

relaciones bilaterales entre Estados Unidos e Irán nunca se recompusieron y la máxima tensión sería recurrente.

EL OPIO DEL PUEBLO

Una vez que tomó el poder, el nuevo régimen se encargó exitosamente de suprimir cualquier tipo de cultura popular o forma de entretenimiento occidental que tan en boga habían estado durante los días del Shah. Los deportes de élite como las carreras de caballos, boxeo o bolos fueron prohibidos. Los clubes privados fueron nacionalizados y algunos estadios de fútbol, como el de la Universidad de Teherán, fueron dedicados pura y exclusivamente a misas y prácticas religiosas. Incluso el ajedrez fue prohibido, bajo el pretexto de que incentivaba las apuestas. Pero el fútbol resistió.

A pesar de los intentos de desalentar cualquier tipo de práctica occidental, el gobierno de la República Islámica de Irán pronto descubrió que su propia base había adoptado al juego como propio y cualquier intento de suprimirlo alienaba a los más fieles. Aun así, el gobierno no se quedó de brazos cruzados e intervino de la misma manera en la que hacía en todos los aspectos de la vida del país. Los clubes fueron obligados a cambiar de nombres, se prohibió la presencia de mujeres en los estadios y las transmisiones deportivas se retrasaban varios minutos para que los censores del régimen pudieran eliminar cualquier tipo de contenido o expresión contraria a los intereses de la revolución. La selección nacional también se volvió blanco de ataques por parte de los elementos más radicales del nuevo régimen. Mientras el equipo realizaba la preparación para los Juegos Asiáticos 1980, se organizaron marchas en las que se le pedía al gobierno que no malgastara dinero en el fútbol y que destinara esos fondos a enviar a jóvenes al extranjero con el fin de capacitarlos en beneficio de la nación.

Esta cruzada no dio los frutos esperados. Pese a que los órganos propagandísticos del estado acusaban a los contrarrevolucionarios de organizar partidos para que la gente no fuera a las mezquitas y la liga nacional —la Takht-i Jamshid Cup— fue prohibida, la gente siguió yendo a los estadios.

Nuevas competencias regionales comenzaron a formarse a lo largo y ancho del territorio y, eventualmente, los campeones de estos torneos organizaron una copa anual de alcance nacional. En un contexto donde el puritanismo era la norma y los espacios de ocio eran cada vez más escasos, el fútbol se transformó en una válvula de escape para los jóvenes (y no tanto) que se sentían oprimidos por la rigidez de su nueva realidad.

Recién a principios de los años 90, y tras la muerte del Ayatola Jomeini (1902-1989), el estado iraní comenzó a relajar su política con respecto a los espectáculos deportivos. En 1989 se formó una nueva liga nacional —la Lig-i Azadiga— y el deporte femenino empezó a tomar impulso. Debido a esto, para mediados de la década no fue raro escuchar que en Irán comenzaba a debatirse si las mujeres tenían o no derecho a ir a los estadios a presenciar disciplinas masculinas. ¿Qué había cambiado para que los elementos más radicalizados de la revolución dejaran de condenar al fútbol? Sencillamente entendieron lo que otros muchos gobiernos del planeta, ya sean democracias o dictaduras, sabían desde hace tiempo: el deporte puede ser un poderoso elemento de propaganda.

Esto quedó en evidencia en 1988 cuando Irán jugó un partido ante Irak en Kuwait. Durante gran parte de la década de los años 80 ambas naciones estuvieron envueltas en un conflicto bélico que hundía sus raíces en la histórica rivalidad entre los árabes y persas y que se había reeditado en el siglo XX debido, entre otras cosas, a los choques de posturas entre el conservadurismo iraní y el laicismo de la dictadura de Saddam Hussein. En 1980, Saddam ordenó la invasión de Irán con la idea de conseguir una victoria rápida gracias al apoyo de sus principales socios occidentales —Estados Unidos y Gran Bretaña—, pero, luego de dos años de enfrentamientos, el conflicto decantó en una guerra de trincheras que se mantuvo hasta 1988. Ambos países finalmente pusieron fin al combate más por cansancio acumulado que por que haya habido un claro ganador. El encuentro disputado en Kuwait tuvo lugar unos meses después que se firmara el armisticio, por lo que la jornada dejó de ser solo un mero espectáculo deportivo para transformarse en una fiesta de reconciliación entre dos naciones.

Gradualmente, quienes dirigían los destinos del país aceptaron que el fútbol era el deporte más popular de la nación e incluso los medios vinculados al poder comenzaron a darle difusión también a los grandes campeonatos europeos. El grado de fanatismo era tanto que en 1997 fue determinante de cara a las elecciones presidenciales. El candidato oficial de los sectores más ortodoxos del clero y principal favorito era el dirigente Ali Akbar Nategh-Nouri, miembro de la Asamblea Consultiva Islámica. Del otro lado estaba el reformista Muhammad Khatami quien, según las primeras encuestas, partía en desventaja debido a sus posiciones aperturistas. Aunque la figura del Ayatola seguía teniendo peso en la vida política del país —tras la muerte de Jomeini este título quedó en manos de Alí Jameneí—, lo cierto es que a mediados de los años 90 los sectores religiosos ya no ostentaban el mismo poder de influencia en la opinión pública. Durante su campaña electoral, Khatami se aseguró el apoyo de varios futbolistas prominentes del ámbito local y con esa simple acción le dio impulso a su candidatura que finalmente culminó de manera exitosa con una victoria aplastante por más del 70 % de los sufragios.

EL CAMINO A FRANCIA 98

La clasificación de Irán a la Copa del Mundo Francia 98 no estuvo exenta de este componente político. Después de una primera fase donde el equipo pasó de ronda con relativa facilidad (en su primer juego le ganó 17-0 a las Maldivas), la selección bajó de nivel en la última parte de las eliminatorias y puso en riesgo las chances de clasificar. Esto se debió a que el entrenador Mayeli Kohan se negaba a convocar a algunos de los futbolistas iraníes que militaban en la Bundesliga de Alemania. Sin sus mejores elementos, en las últimas tres fechas del certamen clasificatorio Irán apenas si sacó un punto de nueve por lo que quedó relegado al cuarto lugar, donde debería dirimir el ticket mundialista en un repechaje contra Australia.

La decisión de Kohan en no convocar a jugadores que militaban en el extranjero se debió pura y exclusivamente a cuestiones políticas. El entrenador era partidario de los sectores más ortodoxos de la revolución y no ocultaba sus simpatías por el candidato Akbar Nategh-Nouri. Por su parte, muchos de los jugadores iraníes en el extranjero habían dado su apoyo público al presidente Muhammad Khatami. Cuando la selección perdió de visitante 2-0 con Qatar y se confirmó su suerte, el asunto se volvió tema de estado y el director técnico fue despedido. Por expreso pedido de Khatami, la federación iraní salió en búsqueda de un entrenador extranjero para que se hiciera cargo del equipo de cara al repechaje frente a los australianos. Este sería el primer manager no iraní en entrenar a la selección desde que la revolución islámica había triunfado en 1979 y el elegido fue el brasilero Valdeir Veira.

El 22 de noviembre iraníes y australianos se enfrentaron en el primer encuentro del repechaje. Ese día, las tribunas del estadio Azadi de Teherán estaban colmadas por 129 000 iraníes que gritaron de una manera atronadora durante todo el encuentro. Años más tarde, el capitán australiano, Craig Foster, recordaría que durante todo el partido apenas si podía oírse cuando el manager, Terry Venables, les daba alguna indicación. A pesar del clima hostil, Australia había conseguido ponerse en ventaja a los 19 minutos con un gol de un joven Harry Kewell y, pese a que Irán logró la igualdad por medio de Khodadad Azizi, a priori partía como la gran candidata a quedarse con el ticket mundialista. La vuelta se disputó siete días más tarde en el Melbourne Criquet Ground y previsiblemente comenzó de manera favorable para los locales. Los Socceroos llegaron a estar 2-0 arriba en el marcador. Pero el éxtasis que invadía a los más de 80 000 hinchas *aussies* que coparon las tribunas terminaría transformándose en desilusión. En solo cuatro minutos el conjunto asiático consiguió empatar el partido gracias a los goles de Karim Bagheri y Azizi. A diez minutos del final los locales se estaban quedando eliminados por la regla del gol de visitante. Pese a los ataques frenéticos de Australia, Irán resistió y finalmente consiguió volver a un Mundial tras veinte años de ausencia (la vez anterior había sido en Argentina 1978).

Como era de esperarse, el resultado causó una explosión de alegría pocas veces vista en tierras iraníes. De la misma manera que había sucedido cuando el Ayatola Jomeini retornó del exilio, millones de personas invadieron las calles de Teherán y festejaron por la hazaña conseguida en tierras extranjeras. Las casas paternas de muchos de los jugadores se volvieron puntos obligados de peregrinación, donde los fanáticos agradecían a los padres de los futbolistas. Para muchos, la victoria deportiva era la confirmación de un nuevo rumbo que emprendía el país tras la elección del presidente Muhammad Khatami. A su regreso a Irán, el equipo fue recibido en el estadio Azadi por una multitud que incluyó a cinco mil mujeres, pese a la "sugerencia" gubernamental de que estas siguieran los festejos desde casa.

ROSAS EN GERLAND

Como ya dijimos anteriormente, el puesto de entrenador de la selección era uno de los de menos estabilidad laboral en Irán. Pese a que después de lograr la clasificación, el brasileño Valdeir Veira era muy popular, la federación no tuvo reparos en despedirlo de su cargo en los primeros días de 1998. Su reemplazante fue el también extranjero Tomislav Ivic, director técnico croata y con una gran experiencia en el futbol europeo, pero este tampoco llegaría a dirigir en la Copa del Mundo. Los malos resultados en los amistosos previos y las disputas entre los distintos sectores políticos hicieron que fuese eyectado del cargo semanas antes de que comenzara la competencia. Pese a que los reformistas eran mayoría desde la asunción de Kathami como presidente, el ala conservadora todavía tenía peso específico en distintos estamentos del estado iraní, entre ellos el Ministerio de Deporte.

Pero estas disputas no eran nada en comparación a los problemas de protocolo que debía afrontar la organización del torneo en torno al partido Estados Unidos-Irán. En circunstancias normales, poco importa cuál es el himno que suena primero o qué equipo es el que efectúa el saludo, pero este no era un partido más. De acuerdo a las regulaciones de la FIFA, el equipo B —en este caso los iraníes— debían caminar hacia el equipo A para efectuar el saludo tradicional de todos los partidos de selecciones, pero el Ayatola Khamenei dio expresas órdenes a todos los futbolistas de que ellos no debían caminar hacia los norteamericanos. Finalmente, los futbolistas de Estados Unidos accedieron ellos a saludar a sus rivales.

Si las cosas parecían complicadas dentro de la cancha, afuera todo lucía mucho peor. Reportes de inteligencia alertaban sobre una organización de origen iraquí llamada Mujahedin Khalq que pretendía organizar una protesta dentro del estadio y para eso habían comprado 7 000 entradas. Este grupo fundado por Saddam Hussein tenía como único fin desestabilizar al régimen iraní y representaba todo un dolor de cabeza para la policía francesa apostada en el estadio de Gerland, en Lyon. Sin embargo, esta no era la única agrupación terrorista que tenía puesta la mira en la Copa del Mundo.

Semanas antes de que la pelota comenzara a rodar en tierras francesas, una operación de Interpol desbarató un atentado planeado por una agrupación extremista vinculado a Osama Bin Laden, la mente maestra de los atentados del 11 de septiembre de 2001 en Nueva York y Washington. El Grupo Islámico Armado de Argelia pretendía realizar un ataque coordinado en varios puntos de Francia durante la jornada del 15 de junio. El atentado se iniciaría en medio del partido entre Inglaterra y Marruecos que se disputada en el estadio Velodrome de Marsella. Los extremistas tenían orden de abrir fuego contra el público y, principalmente, contra los jugadores ingleses, siendo los objetivos prioritarios David Beckham y Michael Owen. Casi al mismo tiempo, otro grupo ingresaría al hotel donde se alojaba la

delegación de Estados Unidos con el fin de asesinar a todo el plantel *yankee*. Por último, aprovechando la confusión generada por los ataques, un tercer comando suicida secuestraría un vuelo comercial para estrellarlo contra la central nuclear de Civaux, en el corazón del país. El operativo que desbarató el ataque fue un esfuerzo coordinado de las fuerzas francesas, alemanas, belgas, italianas y suizas y más de cien personas fueron detenidas en distintos puntos de Europa. Por cuestiones de seguridad, muy pocos fueron informados de lo acontecido y el incidente pasó desapercibido hasta un día antes de la fecha señalada. Años más tarde, el por aquel entonces entrenador de la selección inglesa, Glenn Hoddle, reveló que la Football Associasiation supo de la potencial amenaza unas horas antes del comienzo del partido.

Ante este panorama, no era de extrañar que la selección nacional de Estados Unidos estuviera vigilada las 24 horas por fuerzas especiales de la policía francesa, pero en la concentración norteamericana el ambiente estaba caldeado por otros motivos. A pedido de la FIFA y de su propia federación nacional, los jugadores evitaron en todo momento politizar el encuentro y así lo hicieron. Para los hombres dirigidos por Steve Sampson este era solo un partido más. Sin embargo, los problemas más urgentes del Team USA pasaban por la difícil relación que el director técnico tenía con algunos referentes del plantel. Su decisión de alinear un equipo plagado de jugadores principiantes durante el debut frente a Alemania (perdieron 2-0), las críticas abiertas a sus futbolistas en las conferencias de prensa y el hecho de haber dejado fuera de la lista de convocados al histórico John Harkes habían generado un cortocircuito entre Sampson y pesos pesados del equipo como Tab Ramos o Alexi Lalas.

En cambio, para los jugadores de Irán —ya sea por presión de las autoridades religiosas de su país o por propia creencia— el *match* ante el Gran Satán se había vuelto una cuestión de vida o muerte. Semanas antes de que iniciara la Copa, el delantero estrella Khodadad Azizi declaró ante los medios de su país: "Estados Unidos nos impuso una guerra de ocho años con Irak (1980-88) que costó la vida de medio millón de iraníes. Hay muchas familias de mártires deseando que ganemos. Tenemos esa obligación, es el partido de nuestras vidas". A estas declaraciones se sumaba el hecho de que, durante los meses previos a la Copa del Mundo, el entrenador Sampson había intentado viajar a Irán para presenciar un amistoso preparativo del cuadro local, pero las autoridades le habían prohibido entrar al país (Estados Unidos haría lo propio con dos enviados del cuerpo técnico de Irán). La "frutilla del postre" fueron las declaraciones de la Secretaria de Estado norteamericana, Madeleine Albright, pidiendo a las autoridades francesas mayor control sobre los simpatizantes iraníes para así evitar choques con los hinchas de Estados Unidos. Tan caldeado estaba el asunto que incluso la selección iraní protestó porque, días antes del partido, la televisión francesa emitió la película *No me iré sin mi hija*, un film en el cual una mujer americana escapa de una estereotipada Irán por miedo a que su familia política convierta a su hija al islam.

Sin dudas, quien más incómodo se sentía con respecto a este partido era el entrenador iraní, Jalal Talebi. Designado el 21 de mayo como sucesor de Tomislav Ivic, Talebi ocupaba hasta ese entonces el cargo de asistente y tenía años de experiencia dirigiendo en su país de origen, pero también residía en Estados Unidos desde hacía más de una década. Habiendo dejado Irán en 1980, un año después de que la revolución de Jomeini hubiese triunfado, la familia de Jalal vivía en Carolina del Norte e incluso uno de sus hijos jugaba en el equipo de *soccer* de la UCLA. Ante esta peculiar circunstancia, el entrenador iraní intentó por todos los medios bajarle el tono político al partido: "No soy un hombre de la política, soy un hombre del deporte. Vinimos aquí para demostrarle al mundo que no hay problema entre las dos naciones".

Estas declaraciones iban en línea con lo dicho por el reformista presidente Kathami quien, horas antes del *match*, expresó su deseo de que las relaciones entre ambos países

se normalizaran. Pero como suele suceder en Irán, la opinión de los clérigos y los líderes religiosos de la revolución seguía teniendo igual peso que la del primer mandatario.

Finalmente, el día que todos estaban esperando llegó. Un rato antes de que se iniciara el encuentro en el estadio de Gerland, el presidente de los Estados Unidos, Bill Clinton, dio un mensaje a la nación enviando sus buenos deseos a los atletas de ambos equipos. Además, explicó que en el transcurso de los últimos meses él y Kathami habían tenido varios contactos con el fin de "descongelar" las relaciones entre ambos estados. Ese 21 de junio la policía francesa contenía el aliento y se preparaba para lo peor a medida que los hinchas de ambos equipos se congregaban en las inmediaciones del estadio.

En circunstancias normales, un partido entre dos seleccionados de tercer orden no suele atraer tanta atención de los medios neutrales, incluso en una Copa del Mundo. Mas si tenemos en cuenta que ese mismo día jugaron Alemania contra Yugoslavia y Argentina ante Jamaica. Pero el encuentro entre Irán y Estados Unidos —que se disputó en el último turno— fue el más esperado de toda la jornada. Ante el requerimiento de un lugar, la FIFA informó que el palco de prensa estaba lleno y muchos periodistas que tenían sus acreditaciones en regla no pudieron ver el encuentro desde la comodidad de sus asientos. En las tribunas, oficiales de la Compagnies Républicaines de Sécurité (CRS) se entremezclaban con los hinchas a la vez que varios oficiales de incógnito vigilaban a la hinchada de Irán, a la espera de evitar cualquier tipo de incidente con iraníes disidentes que vivía en el extranjero y que querían expresar su descontento con el régimen a la vista de todo el mundo. Esto llevó a que varias facciones de hinchas se enfrenten entre sí, ante la atónita mirada de cientos de simpatizantes estadounidenses que por error habían terminado en medio de la hinchada rival.

A las nueve de la noche de Francia, ambos equipos salieron al campo de juego del estadio de Gerland, aunque los asiáticos lo hicieron con una sorpresa. Todos los jugadores y miembros del cuerpo técnico de Irán tenían en sus manos un ramo de rosas blancas que, una vez que ya habían sonado los himnos, entregaron a sus rivales como ofrenda de paz. Acto seguido, los veintidós jugadores que estaban en el campo de juego y la terna arbitral posaron en una foto conjunta que recorrió el mundo entero y se transformó en una de las imágenes más icónicas en la historia de las Copas del Mundo. Incluso los futbolistas iraníes se habían presentado al partido, afeitados o, en su defecto, con bigotes como una manera de romper el estereotipo occidental del "iraní malvado".

Tras este gesto de caballerosidad deportiva, el encuentro se jugó en un clima de cierta tranquilidad. La tensión acumulada en meses de declaraciones cruzadas y especulaciones de la prensa se esfumó en un instante. Esto no quiere decir que se haya tratado de una exhibición. A fin de cuentas, ambas selecciones habían perdido en el debut y necesitaban una victoria para mantener vivas sus chances de acceder a la siguiente ronda del certamen. Los futbolistas estuvieron a la altura de las circunstancias y hasta hubo momentos de pierna fuerte, pero todo dentro de los límites de lo tolerable. Mientras la pelota rodaba, las mayores preocupaciones de los organizadores pasaban por lo que sucedía en medio de los simpatizantes de Irán, donde se enfrentaban entre sí distintas facciones políticas. Uno de los momentos de mayor tensión fue cuando pareció que iba a haber una invasión del campo por parte de los simpatizantes identificados con los disidentes y exiliados del régimen, quienes habían desplegado banderas y carteles de protesta. En ese momento, 150 oficiales de seguridad —una cifra sin precedentes para una Copa del Mundo acontecida antes de los atentados de las Torres Gemelas— formaron una barrera para evitar cualquier tipo de desborde. Mientras tanto, dentro del campo de juego el partido seguía su curso.

En la primera mitad, Estados Unidos fue el equipo que mejor hizo las cosas y cerca estuvo de abrir el marcador con un disparo de Claudio Reyna que dio en poste, pero finalmente fueron los iraníes quienes se pusieron arriba. A tan solo cuatro minutos de que terminara la primera parte, una jugada colectiva de Irán terminó en un gran cabezazo de Hamid Reza Estili que dejó sin respuesta al arquero Kasey Keller. Pese a las peleas entre las distintas facciones de la hinchada, la locura de apoderó de todos los fanáticos iraníes que veían como su equipo marcaba su primer gol en Francia 98 y el segundo en su historia mundialista.

En el complemento, Estados Unidos volvió a tomar las riendas del encuentro y buscó sin suerte el gol del empate, pero sobre el final, Mehdi Mahdavikia anotó el 2-0 tras una corrida memorable. Pese a que los norteamericanos descontaron por medio de Brian McBride unos minutos más tarde, los iraníes consiguieron su primera victoria en una Copa del Mundo. Los festejos alocados de los futbolistas asiáticos fueron la demostración de la trascendencia del logro y, aunque el hecho de derrotar a Estados Unidos sin dudas tuvo un sabor especial, iraníes y norteamericanos mantuvieron la caballerosidad hasta el último momento. Tras el pitazo final del referí suizo Urs Meier, y una vez que bajó un poco la algarabía del equipo triunfador, ambas escuadras se abrazaron en la mitad de campo e intercambiaron sus camisetas. El partido que muchos vaticinaron que no podría jugarse había llegado a su fin sin mayores inconvenientes.

Como era de esperarse, las calles de Teherán se llenaron de fanáticos que festejaron hasta bien entrada la madrugada (entre Irán y Francia hay dos horas y media de diferencia) y al día siguiente los sectores religiosos más conservadores del clero y la política elevaron el triunfo a la categoría de hecho histórico. El Gran Satán había mordido el polvo de la derrota a manos de los muchachos del Ayatola.

Más allá de esto último, lo cierto es que el encuentro mundialista había conseguido lo que años de política diplomática no habían logrado. Por este motivo, en 1999 ambas federaciones acordaron disputar un encuentro amistoso en suelo estadounidense. Inicialmente el *match* estaba programado para jugarse a mitad año en la ciudad de Washington, pero como el simbolismo de jugar en el centro del poder político de Estados Unidos era demasiado para el gobierno iraní, finalmente el amistoso fue pospuesto para el mes de enero del año 2000 y la sede del mismo fue cambiada al Rose Bowl de Los Ángeles.

El encuentro ante los norteamericanos sería la última parada de un tour que incluía partidos ante Ecuador y México, pero a medida que se acercaba la fecha las viejas suspicacias comenzaron a aparecer. La federación iraní, a pedido del presidente Kathami, intentó suspender el amistoso, pero el contrato firmado con su contraparte norteamericana imponía una severa multa económica. Tras derrotar a Ecuador por 2-1 y perder ante los aztecas por igual marcador, la selección de Irán llegó a su hotel en medio de un clima bastante espeso. Durante los días previos al partido, la delegación visitante comenzó a recibir inquietantes llamados a sus habitaciones en donde se les ofrecía grandes sumas de dinero si no se presentaban al partido. Como los intentos de sobornos no prosperaron, los pedidos pronto se transformaron en amenazas. Incluso el presidente de la federación iraní, Mohsen Safaei Farahani, recibió un mensaje inquietante de un supuesto integrante de las altas esferas del poder iraní: "Si juegan el partido, puede que el avión de vuelta no llegue a Teherán".

¿Por qué esta resistencia a que se dipute el encuentro? Uno de los motivos —aparte de las obvias cuestiones políticas— fue el hecho de que el partido estaba auspiciado por la cervecería Budweiser y en Irán el consumo de alcohol está prohibido (según el Código Penal Islámico de Irán, el consumo de bebidas alcohólicas puede ser castigado con 80 latigazos y, si una persona es declarada culpable y condenada tres veces, la cuarta sentencia es la condena a muerte).

La federación norteamericana ofreció cambiar el *main sponsor*, pero Farahani, sabiendo lo difícil que había resultado la organización de este amistoso, le dijo a su contraparte local que no había problemas. Aun así, la selección de Irán fue fuertemente custodiada para prevenir cualquier incidente. El 16 de enero el Rose Bowl de Pasadena que había sido sede de la final de la Copa del Mundo 1994, se vistió nuevamente de gala para el encuentro entre Estados

Unidos e Irán. Ante la atenta mirada de 50 000 espectadores —muchos de ellos ciudadanos iraníes que vivían desde hace años en Norteamérica— el partido terminó 1-1 (Mehdi Mahdavikia y Chris Armas fueron los goleadores de la tarde) y la selección visitante fue despedida con una ovación mientras se retiraban del campo de juego vistiendo las camisetas de sus oponentes.

Aunque estaba programado un partido revancha en Teherán e incluso la federación asiática invitó a los norteamericanos a un torneo amistoso en enero de 2001, el encuentro nunca se concretó. Al día de hoy Estados Unidos e Irán nunca se volvieron a ver las caras en un estadio de fútbol.

Este texto se escribió antes de conocerse que Estados Unidos e Irán compartirían grupo en la Copa del Mundo Qatar 2022

CAPÍTULO 3

LINFIELD VS BELFAST CELTIC

BELFAST BAJO FUEGO

A mediados del 2020, una simple camiseta de fútbol desató una polémica en la siempre agitada Irlanda del Norte. Por esos días, el Linfield FC, el club más exitoso del país, lanzó un nuevo modelo de casaca suplente de color violeta con una franja naranja cruzando el pecho en forma diagonal. Estéticamente hablando, se trataba de un diseño más que correcto, pero los colores elegidos fueron tomados como una provocación por los sectores republicanos y católicos norirlandeses. Violeta y naranja era la bandera de la Ulster Volunteer Force (UVF), un grupo paramilitar unionista que durante años combatió con las distintas facciones del Irish Republican Army (IRA). Pese a que inmediatamente desde el club salieron a despegarse del asunto —adujeron que el diseño había sido aprobado por los socios y que cualquier similitud con el UVF era pura coincidencia— lo cierto es que a nadie convencieron esas explicaciones. Históricamente, Linfield ha sido el equipo favorito de los protestantes y unionistas de Belfest, aquella porción de la sociedad que se siente parte del Imperio Británico y que reniega de la posibilidad de unificar la Isla de Irlanda si no es bajo el dominio de la Union Jack.

/ Desde finales de los años 90, Irlanda del Norte vive en una situación de cierta estabilidad política gracias a los

Acuerdos de Viernes Santo que pusieron fin a la lucha armada entre las distintas facciones y propiciaron la creación de un gobierno autónomo de coalición entre los unionistas (Partido Unionista del Ulster) y los republicanos (Sinn Fein). Sin embargo, y pese a que ya han pasado más de veinte años desde que se firmó la paz, este equilibrio sigue siendo muy difícil de mantener. Las tensiones entre los distintos sectores en pugna siguen latentes y los partidos de fútbol suelen ser el escenario ideal para que se reaviven las llamas del pasado.

La hinchada del Linfield tiene un largo historial de agresiones contra equipos de base católica y republicana como, por ejemplo, el Cliftonville, pero a no confundirse porque en esta historia no hay héroes y villanos y todos tienen su cuota de sangre. Desde el principio, el fútbol se transformó en una excusa más para pelearse entre sí y durante la primera parte del siglo XX se hizo habitual que muchos partidos no terminaran por invasiones de campo e incidentes (que incluían el uso de armas de fuego). Uno de los hechos más sonados ocurrió durante el Boxing Day de 1948 cuando los fanáticos del Linfield les dieron una paliza a los jugadores del Belfast Celtic, hasta ese entonces el club católico más exitoso del país. La consternación que generó este acontecimiento fue tan grande que los directivos del Celtic decidieron retirar al equipo de la competición y abandonaron la liga de manera definitiva. El ambiente no cambió demasiado en los años 70 (momento en que comenzaron los tristemente célebres Troubles) y fue en ese período donde el Derry City, equipo del condado de Londonderry —donde los católicos son mayoría—, debió abandonar la liga norirlandesa porque las fuerzas de seguridad no podían protegerlos. A diferencia del Belfast Celtic, que dejó de participar en cualquier tipo de actividad futbolística, el Derry siguió teniendo equipos en las categorías juveniles hasta que, en 1985, consiguió un permiso especial de la FIFA para integrarse a la liga de *Eire*.

Curiosamente, la poca tolerancia que se tenían unos y otros quedaba restringida a los seis condados del noreste de la Isla de Irlanda. Abundaron casos de jugadores protestantes y católicos que se encontraron compartiendo equipos en la liga inglesa y que pronto dejaron de lado cualquier tipo de desconfianza para forjar amistades duraderas. La vida fuera del pequeño infierno que se había vuelto su tierra natal, sobre todo en la ciudad de Belfast, y la real preocupación por sus seres queridos los hermanaba. Inglaterra, mucho más cosmopolita que Irlanda del Norte, había abierto sus cabezas y ampliado sus horizontes.

Actualmente, y pese a que los Acuerdos de Viernes Santo garantizaron una paz duradera, cada vez que el Linfield sale a la cancha, resuenan las consignas unionistas de odio y flamean las banderas del imperio británico. Aunque su dominio solo se restringe al ámbito local —la primera división de Irlanda del Norte es una competición que no llega siquiera a los estándares de excelencia de la League Two inglesa— los Blues son el incómodo embajador de Irlanda del Norte en las competiciones europeas. Por suerte, la imagen que esa hinchada anclada en un "glorioso" pasado de opresión contra el catolicismo, no representa la realidad actual del Ulster.

A LOS PIES DE LA CLASE OBRERA

Los orígenes de la dominación inglesa en la Isla de Irlanda se remontan al año 1169 DC, momento en el que ocurrieron las primeras invasiones anglo-normadas. Hasta ese momento, esas tierras estaban ocupadas por los pueblos gaélicos, quienes por mucho tiempo fueron mayoría. Durante siglos, los invasores se establecieron en el sur de la región —lo que hoy se conoce como *Eire* o Irlanda—, pero las sucesivas rebeliones llevaron a que la corona dispusiera la creación de colonias en el norte de la isla como una manera de consolidar su dominio y evitar el surgimiento de nuevos conatos de resistencia. Fue en el siglo XVI donde finalmente Inglaterra afianzó su dominio al otro lado del charco gracias a dos acontecimientos: las revueltas gaélico-católicas de 1641 y la llegada de Guillermo III al trono en 1690.

La rebelión de mitad de siglo ocurrió en respuesta a la confiscación de tierras que realizó en la isla el gobierno de la Corona (su fin era entregarlas a los colonos ingleses recién llegados). Esto produjo un enfrentamiento que se extendió en el tiempo y que terminó con una dura represión por parte del Gobernador de la Corona en Irlanda, Oliver Cromwell.

El segundo hecho fue el triunfo de noble holandés Guillermo de Orange sobre el católico Rey Jacobo II de Inglaterra en la batalla de Boyne. A mediados del siglo XVII, la corona inglesa llevaba más de un siglo posada sobre la cabeza de monarcas protestantes, pero, tras la muerte del Rey Carlos II en el año 1685 y al no haber sucesor directo al trono, esta pasó a manos de su hermano Jacobo, quien desde hacía años había abandonado el protestantismo y se había hecho bautizar por un obispo de Roma. Impopular entre la mayoría de sus súbditos protestantes, las crónicas hablan del nuevo rey como un ser despótico y obstinado que trató de todas las maneras posibles de volver a poner a Inglaterra bajo el paraguas del catolicismo.

Entre otras medidas para consolidar su poder, Jacobo designó a varios oficiales católicos sin consultar a la Cámara de los Comunes, una actitud que no le ganó muchos amigos en las más altas esferas del reino y el clero protestante. Es por esto que comenzó a tramarse un plan para despojarlo de su trono y suplantarlo por su yerno, y campeón del protestantismo, Guillermo. Aunque al principio el aristócrata neerlandés intentó llegar a un acuerdo con el padre de su esposa, importantes miembros del clero inglés lo convencieron de lanzar una invasión para así evitar la creación de una dinastía católica en Inglaterra. Ahora bien, ¿Por qué no esperar a que muera Jacobo II y ascienda al trono su hija Maria, esposa de Guillermo de Orange? Ni lento ni perezoso, poco después de que el rey católico sustituyera a su hermano Carlos II, este se casó por segunda vez para engendrar un varón que tuviera el ascenso directo a la corona. El 5 de noviembre de 1688, Guillermo de Orange desembarcó en tierras inglesas y marchó sobre la capital. Subestimando la situación, Jacobo pensó que podría hacerle frente al enemigo, pero conforme fueron pasando los días el rey comprendió que su causa estaba perdida y decidió huir a Francia. Guillermo de Orange y la hija del depuesto monarca, María, fueron declarados como nuevos soberanos.

Pese a la restauración de un protestante en la corona británica, los conflictos dentro de la Isla de Irlanda no cesaron y la oposición al invasor inglés se mantuvo firme. Esto llevó a que en 1800 Inglaterra limitara aún más la ya escasa autonomía irlandesa al sancionar lo que se conoció como "Acta de Unión", a través de la cual se suprimió el parlamento de Irlanda y esta pasó a formar parte del Reino Unido. A mediados del siglo XIX, una desastrosa cosecha de papas en el sur —donde se concentraba la mayoría católica— desencadenó en una crisis alimentaria sin precedentes que mató a más de un millón de personas y envió al exilio a igual número de irlandeses. Aunque la Gran Hambruna impactó en toda la Isla de Irlanda, en los condados del Norte se sintió con menos fuerza debido a que la agricultura estaba mucho más desarrollada, pero sobre todo porque Belfast, con sus fábricas, sus molinos y sus astilleros, se había transformado en el centro industrial de la región.

✳✳✳

El fútbol irlandés comenzó a despegar relativamente tarde si lo comparamos con lo sucedido al otro lado del charco. Mientras que Inglaterra creó su Football Association en 1863 y Escocia y Gales hicieron lo propio en el transcurso de la década siguiente, en tierras irlandesas el primer partido oficial recién se jugó en octubre de 1878. Aunque los primeros picados tuvieron lugar en las *public schools*, instituciones educativas en donde los cachorros de la alta sociedad aprendían a ser buenos caballeros, la expansión del deporte se dio a la par del crecimiento de la clase obrera industrial en la costa este del Ulster. A diferencia del rugby, que exigía más espacio y equipamiento, la simpleza del fútbol hacía que cualquier pausa en las labores cotidianas fuera el momento propicio para un partido. Después de todo,

hacer una pelota era relativamente fácil (en los molinos, por ejemplo, se utilizaban bolsas viejas).

En solo dos años, el fútbol se transformó en el pasatiempo favorito de los protestantes y fue así que en noviembre de 1880 surgió la necesidad de crear una federación propia, la Irish Football Association. Ahora bien, aunque en ese momento la Isla de Irlanda todavía no estaba dividida en dos, las diferencias entre católicos y protestantes ya comenzaban a ser demasiado grandes como para ignorarlas. En muchos colegios católicos el fútbol estaba prohibido debido a que era considerado un deporte del "invasor" y en su lugar se instaba a los jóvenes a practicar el *peil ghaelach* o fútbol gaélico. Aun así, varios equipos procedentes del sur de la isla —de mayoría católica— participaron en las primeras ediciones de la Irish Cup y hasta incluso la ganaron (Bohemians 1907 y Shelbourne en 1906, 1911 y 1920). En esta etapa, los clubes que dominaban en la región fueron el Cliftonville —fundado en 1879 en un suburbio al norte de Belfast, es el equipo norirlandés más antiguo— y el Lisburn Distillery, conquistando varias veces la copa durante esa década. Pero todo cambió con el nacimiento de una nueva institución.

En marzo de 1886, los obreros de la Ulster Spinning Company's Linfield Mill recibieron el permiso de los dueños del molino para formar un equipo de fútbol que, con los años, se transformaría en el cuadro más exitoso de Irlanda del Norte y en el orgullo de todos los unionistas de Belfast. En el sur de la ciudad había nacido el Linfield y lo que en un principio se pensó como un cuadro solo para empleados del molino, rápidamente pasó a ser abierto para todo aquel protestante que demostrara habilidad con la pelota. Durante los primeros años, el equipo fue entrenado por Nick Ross, un ex futbolista del Preston North End que dotó a sus dirigidos de un estilo de juego muy por encima de la media. Además, los futbolistas se beneficiaron del apoyo financiero de la compañía molinera, siendo uno de los primeros equipos en contar con un campo propio. El estilo de los Blues era tan depurado que incluso llegaron a dar algu-

na que otra sorpresa ante cuadros ingleses. Desde finales del siglo XIX y hasta el inicio de la Primera Guerra Mundial, los clubes de Irlanda participaban en la FA Cup y, a tan solo dos años de haber sido fundado, Linfield logró la hazaña de empatar como visitante 2-2 ante el Nottingham Forest en la primera ronda del torneo. El *replay* se jugó días más tarde en Belfast y allí los locales ganaron con facilidad por 3-1. Lamentablemente, los costos del viaje para disputar la segunda ronda le impidieron seguir su camino en el torneo. Nunca sabremos hasta dónde podrían haber llegado.

Rápidamente el fútbol iba ganando terreno en los condados del norte. El impulso de las autoridades hizo que pronto se construyeran canchas púbicas en varios sectores de Belfast bajo la creencia de que el deporte en general y el fútbol en particular servirían para alejar a los hombres de los bares y mejorar las relaciones entre los distintos sectores de la sociedad irlandesa. Cinco años más tarde de que los obreros de un molino fundaran el que sería el cuadro más importante de Irlanda del Norte, al oeste de la ciudad, más precisamente en las cercanías de la calle Falls Road, un grupo de entusiastas deportistas formaron un club de fútbol y lo llamaron Celtic, como manera de homenaje al cuadro escocés. Falls Road y sus barrios aledaños eran la región (y lo siguen siendo) de mayor concentración de católicos en la ciudad y por ende estos se volvieron la principal base de apoyo del club. El germen de este nuevo cuadro fue la fusión de tres equipos menores de la zona: el Milltown, el Millvale y el Clondara. Además, la nueva escuadra contó con la generosidad su "primo" escocés, que le donó una cuantiosa suma de dinero para poder establecerse. El objetivo era uno solo: desafiar el dominio de los *teams* del resto de la ciudad.

Como era de esperarse, el hecho de provenir de la parte católica de Belfast hizo que el Belfast Celtic se ganara rápidamente la enemistad de muchos. El sentimiento era recíproco ya que las incursiones de otros cuadros en su campo de Falls Roads solían terminar en incidentes, como le sucedió al Glentoran Seconds durante un partido disputado en

1895. Los jugadores y algunos hinchas que acompañaron al cuadro visitante sufrieron el ataque de los fanáticos del Celtic una vez que el árbitro hubo dado el pitazo final.

Durante sus primeros años de vida, la escuadra católica se estableció como uno de los mejores de las ligas inferiores y para 1896 logró el tan ansiado ingreso a la primera división. Pese a contar con antecedente positivos, al Celtic le costó adaptarse a su nuevo ambiente y apenas logró una victoria en toda la temporada (uno de los motivos fue porque su estadio no fue aprobado por la federación y tuvo que jugar todos sus partidos de visitante durante todo el campeonato). Ese año, los Celts se enfrentarían dos veces al Linfield y en su primer encuentro lograrían un convincente empate 1-1 en él que no habría mayores inconvenientes. Sin embargo, fue en el segundo *match* donde las cosas comenzaron a complicarse. El partido no pudo terminar debido a una invasión de campo y varios incidentes en las tribunas entre defensores de uno y otro cuadro. Había nacido así el clásico más caliente de Irlanda del Norte y también se iniciaba una larga tradición de enfrentamientos y partidos suspendidos.

TRIBUNA CALIENTE

Al mismo tiempo que crecía la pasión por el fútbol en la Isla de Irlanda, se acrecentaba también la conflictividad entre las distintas facciones que peleaban por el poder en la región. Los republicanos —en su gran mayoría católicos— acusaban a los ingleses de haber abandonado a su suerte a los irlandeses durante la "Gran Hambruna" y, pese a que la isla había pasado a ser parte integral del Reino Unido, las insurrecciones estuvieron a la orden del día durante el final del siglo XIX y principios del siglo XX. Aunque todos los levantamientos fracasaron, fue en esos años en donde se formaron las primeras agrupaciones independentistas que optaron por la lucha armada como método para conseguir sus objetivos.

El gobierno británico propuso distintos planes para dotar a la isla de autonomía y así satisfacer la demanda de los sectores republicanos, pero dichas propuestas naufragaban en el parlamento de Westminster y eran duramente combatidas por los unionistas de la isla, los cuales se concentraban sobre todo en los seis condados del Ulster. Para aquellos que se consideraban a sí mismos como parte del imperio, la idea de que el propio gobierno británico abriera la puerta cualquier tipo de autonomía que pudiera derivar en una independencia plena resultaba insultante y encendía aún más las pasiones. En ese contexto no es de extrañar que en 1913 surgieran las dos fuerzas paramilitares que en los años sucesivos marcarían a fuego y sangre el pulso político de la región y que, pese a estar enfrentadas entre sí, representaban un problema de iguales dimensiones para los sucesivos inquilinos de Downing Street: La unionista Ulster Volunteer Force (UVF) y el republicano Irish Republican Army (IRA)

* * *

La rivalidad entre el Linfield y el Belfast Celtic fue total desde el principio. Cuando la escuadra católica entró en primera división, los Blues ya eran un club establecido que tenían cuatro ligas y varias copas locales en sus vitrinas. De más está decir que durante esos días, el historial fue claramente favorable al cuadro protestante. Pero a medida que el Celtic se fue asentando en la categoría y que los inversores comenzaron a interesarse en el proyecto, su suerte fue cambiando. En 1900 el equipo pasó a recibir dinero por parte de sus hinchas, los cuales se convirtieron en los principales accionistas (muchos de ellos eran sacerdotes católicos) y fue así que, gracias al aporte de una libra por socio, pudieron comprar un terreno en Donegall Road y establecer su estadio. Ese mismo año, los *celtas* se consagrarían campeones de la liga por primera vez en su historia, derrotando en el último partido al Linfield.

Más allá de este resultado deportivo, la rivalidad entre estos dos clubes se cimentaba principalmente en la vieja disputa entre católicos y protestantes. Como ya dijimos antes, en los primeros años del siglo XX, los incidentes se habían vuelto una constante en los partidos de fútbol, pero sobre todo cada vez que se enfrentaban estos dos equipos. El 12 de septiembre de 1912 ocurrió uno de los tantos enfrentamientos. Ese día, Celtic recibía a su archirrival en su propia casa y lo que se pensaba como solo una edición más del clásico más fuerte de la región, terminó en batalla campal. Una hora antes del encuentro, 12 000 hinchas del cuadro católico se instalaron en su tribuna mientras que 8 000 hinchas del Linfield hicieron lo propio en su sector del estadio. Las canciones partisanas pronto fueron reemplazadas con insultos que, según un diario de la época, harían sonrojar al mismísimo diablo y antes de que inicie el encuentro ya se habían desatado las primeras escaramuzas. Pese a todo, el partido comenzó y fue el Linfield el que tomó la delantera, pero a tan solo cinco minutos del final de la primera parte la situación colapsó. Las piedras volaban desde un sector del estadio al otro y los oficiales de la Royal Irish Constabulary (RIC) —la policía de la corona británica en tierras irlandesas— poco podían hacer para contener la situación. En ese momento, un disparo se oyó en las tribunas y los hinchas de uno y otro equipo invadieron el campo de juego. Mientras que los jugadores, el árbitro y sus ayudantes buscaban refugio, los fanáticos se enfrentaban entre sí, pero también contra los agentes de la RIC.

Sorprendentemente, los equipos le pidieron al árbitro continuar con el partido una vez que los enfrentamientos hayan terminado. Después de todo, ellos ya estaban acostumbrados a este tipo de situaciones, pero el referí se mantuvo firme en su posición y suspendió el encuentro. Como era de suponer, la noticia no fue bien recibida por los hinchas de ambos equipos, que seguían enfrentándose en las cercanías del estadio. Finalmente, las fuerzas de la ley consiguieron expulsar a los hinchas del Linfield fuera de la cancha, pero estos quedaron a su suerte en pleno barrio católico. Intuimos que no la pasaron bien.

Los ecos de estos incidentes resonaron por varios días. Los periódicos de uno y otro bando intercambiaron acusaciones sobre quienes habían comenzado los enfrentamientos y el gobierno de la isla, temiendo que lo sucedido en el partido tuviera réplicas durante la semana, envió oficiales a las fábricas y molinos para controlar cualquier tipo de incidente. En las cercanías al astillero Workman, Clark and Company, un joven empleado católico fue brutalmente atacado por cinco hombres enmascarados. Esa misma tarde, otros tantos católicos que trabajaban allí abandonaron sus puestos de trabajo, temerosos de lo que podría pasarles.

***

El clima que se respiraba era de máxima tensión. El gobierno central británico intentaba impulsar otra vez una legislación que le diera cierto grado de autonomía a Irlanda y que calmara los ánimos de los republicanos, pero la resistencia de los unionistas de dentro y fuera hacía fracasar cualquier tipo de acuerdo. Para 1914, año en el que el Belfast Celtic ganó su segundo título de liga, la UVF tenía almacenada 25 000 armas de fuego y más de 3 millones de balas y se preparaba para desatar un conflicto armado tanto con los republicanos como con las fuerzas del imperio al que deseaban seguir perteneciendo. Pero en agosto de ese año, Inglaterra le declaró la guerra a Alemania y pospuso la resolución de la cuestión irlandesa hasta el final de la Primera Guerra Mundial.

El asesinato del archiduque y heredero al trono austro-húngaro, Francisco Fernando, a manos de nacionalistas serbios el 29 de junio de 1914, fue el inicio de una serie de escaramuzas diplomáticas en las que los principales poderes del Viejo Continente se torearon entre sí para ver quien cedía primero. Aunque ni los gobiernos ni la gente deseaban realmente esa guerra, la tensión fue *in crescendo* hasta que, a finales de julio, se hizo evidente que Europa marchaba otra vez hacia los campos de batalla. Curiosamente, y como describió el escritor Stefan Zweig, los austríacos —y todos los europeos en general— vivieron con excitación y alegría los primeros días del conflicto. Ya sea porque era pleno verano o porque, en la memoria colectiva, los recuerdos de la guerra contra Prusia (1866) eran solo patrimonio de un puñado de viejos que habían combatido casi cuatro décadas antes, millones de jóvenes se enlistaron en sus respectivos ejércitos y un nacionalismo casi embriagador recorrió las calles de las principales ciudades, pero la inocencia duró poco. Cuatro años de sangrienta guerra de trincheras y 60 millones de muertos fueron solo un funesto preludio de lo que sucedería décadas más tarde. Cuando Europa nuevamente marchó a la batalla en 1939, no hubo alegres desfiles en las calles. Solo miedo.

Con Inglaterra metida de lleno en el conflicto bélico, el puño que estrangulaba a la Isla de Irlanda se aflojó y los independentistas vieron una oportunidad para, de una vez por todas, terminar con siglos de dominación. Los líderes de las distintas facciones acordaron posponer todo tipo operaciones hasta el final de la guerra, cuando el agotamiento ya hubiese hecho efecto en su enemigo, pero, con un enfrentamiento que se extendió mucho más de lo que cualquiera podría haber predicho, finalmente se decidió pasar a la acción en abril de 1916.

El lunes de Pascua, un grupo de hombres liderados por el abogado Patrick Pearse y el sindicalista James Connolly tomaron puntos clave de la ciudad de Dublín y proclamaron en las afueras de la Oficina Central de Correos —que se había transformado en su improvisada base de operaciones— la independencia y el establecimiento de la República Irlandesa. Si bien el alzamiento fue aplastado por las fuerzas de invasión inglesa en tan solo cuatro días y la mayoría de sus líderes fusilados, este hecho se transformó en un acontecimiento fundacional para la futura República de Irlanda. Hasta ese momento, la mayor parte de los irlandeses eran partidarios de la autonomía más que del establecimiento de una república, pero la cruenta represión inclinó el apoyo popular en favor de los sectores que pedían cortar todo tipo de lazos con Inglaterra, en especial al partido Sinn Fein que se transformó en la agrupación política más votada en las elecciones generales de 1918, las ultimas que se llevaron a cabo antes de la partición. El triunfo electoral de los republicanos y la posterior reivindicación de los alzamientos armados de 1916, llevaron al establecimiento del

Dáil *Eire*ann, un parlamento no reconocido por Inglaterra. A su vez, el IRA intensificó sus ataques contra las fuerzas de invasión inglesa en lo que fue el inicio de una guerra de guerrillas que se extendió hasta 1920 y dejó más de 2 000 muertos.

Con Inglaterra exhausta por lo que significó el esfuerzo bélico de la Primera Guerra Mundial, la situación en Irlanda pronto se le fue de las manos por lo que, en una decisión casi salomónica, decidió crear dos parlamentos: uno en el sur con sede en Dublín y otro en el norte con sede en Belfast. Este último fue bautizado como *Stromont*. Finalmente, un año más tarde se hizo efectiva la división del territorio en dos entidades distintas. De los treinta y dos condados que componían la Isla de Irlanda, los veintiséis de ellos de mayoría católica pasaron a formar lo que sería conocido como el Estado Libre Irlandés, mientras que los restantes seis, pertenecientes al Ulster y de mayoría protestante, fueron bautizados como "Irlanda del Norte", permaneciendo como parte integral del Reino Unido.

***

Como sucedió en gran parte de Europa, la actividad futbolística se suspendió en Irlanda del Norte durante la Primera Guerra Mundial para retomarse inmediatamente después del final del conflicto. En la temporada 1919/20, Belfast Celtic se transformó en el primer campeón de la posguerra. Previsiblemente, el clima político imperante en la isla se trasladó a los estadios y cada partido de los *Hoops* contra los clubes unionistas era una potencial batalla campal. Y eso es precisamente lo que ocurrió durante dos encuentros disputados ante el Glentoran, los cuales debieron ser suspendidos por incidentes entre las dos hinchadas y la ya usual invasión al campo de juego. En el segundo encuentro, disputado en 1920 y válido por la semifinal de la Irish Cup, ninguno de los equipos fue declarado como ganador y el trofeo fue adjudicado al Shelbourne, equipo de Dublín que había sido el ganador de la otra llave.

Al final de esta temporada, los directivos del Celtic anunciaron a la federación que no participarían de los certámenes del año entrante debido a que sentían que se los trataba con mayor rigurosidad que a los cuadros protestantes. También había un componente de autopreservación en esta decisión, ya que el clima político no era alentador para los católicos de Irlanda del Norte. Desde su creación, el *Stromont* llevó a la práctica acciones antidemocráticas contra las minorías católicas a la vez que muchos trabajadores católicos fueron expulsados de sus trabajos. Los directivos de la escuadra sabían interiormente que no faltaba mucho para que uno de sus jugadores sufriera una agresión de gravedad.

Con la partición de Irlanda, cada entidad tuvo su propia federación y competencia. Con los años, hubo varios intentos de unificar campeonatos y selecciones, al igual que sucede con el rugby, pero estos proyectos nunca llegaron a buen puerto. Durante la primera mitad del siglo XX se hizo usual ver a jugadores participar tanto de la selección de Irlanda como de la de Irlanda del Norte. La momentánea salida del Celtic hizo que la competición quedara solo con cinco equipos. Recién para la temporada 1924/25, la escuadra católica retornó a la liga cuando el clima de tensión en la isla fue relajándose. Durante algunos años, la tensa calma hizo que los incidentes en los partidos no fueran tan frecuentes como antes, pero para finales de la década del veinte, la crisis económica producida por el *crack* financiero reavivó el clima de tensión social. La industria de los astilleros, otrora el motor más importante de la economía del Ulster, había entrado en decadencia y esto hizo que muchos protestantes se sumaran a la ya gran masa de desempleados (la mayoría de ellos católicos) que dejó la crisis de Wall Street. En su vuelta, los *Hoops* retomaron donde habían dejado y, después de una temporada de adaptación, hilvanaron cuatro ligas al hilo entre 1925 y 1929. Esto supuso un desafío a todas las escuadras protestantes, pero en especial al Linfield que, durante la ausencia de su clásico rival, consiguió uno de los hitos más grandes de su historia: ser campeón de las siete competencias en las que participó. Esta proeza la realizó durante la temporada 1921/22 cuando conquistó la liga, la Irish Cup, la County Antrim Shield, la Alhambra Cup, la Belfast Charity Cup, la Gold Cup y la City Cup. Al año siguiente, los éxitos siguieron a la orden del día y los Blues se llevaron para sus vitrinas tres trofeos, incluida la liga. De esta manera, la paridad deportiva entre ambos pasó a ser otro más de los condimentos de un derbi ya de por sí muy picante.

EL BOXING DAY DE 1948: LA BATALLA FINAL

El 1 de septiembre de 1939, la Alemania nazi desató la *blitzkrieg* sobre territorio polaco, dando inicio así a la Segunda Guerra Mundial, la más sangrienta del siglo XX. Lejos de ser un hecho imprevisto, el ascenso al poder de Adolf Hitler fue consecuencia directa de las duras sanciones sufridas por Alemania tras su derrota en el primer gran conflicto del siglo. De un plumazo, el Tratado de Versalles (1919) despojó a los alemanes de todo su imperio colonial, el cual fue repartido entre Francia, Bélgica, el Reino Unido, Portugal y Australia, y su territorio en Europa fue reducido casi 100 000 kilómetros. Además, fue obligada a recortar su ejército a solo a cien mil soldados, entregar todo el material bélico, desmantelar toda su matriz de producción de armas de guerra y la supresión de la obligatoriedad del servicio militar.

El tiro de gracia fueron las sanciones económicas. Considerada como la única culpable de la guerra, Alemania fue obligada a pagar grandes reparaciones a los vencedores (principalmente a Francia que fue la que más insistió con esta cláusula), entregar toda su flota mercante y todas sus empresas nacionales.

En pocos años, una de las naciones más poderosas del Viejo Continente pasó a ser un estado fallido en donde la inflación descontrolada licuaba los magros ingresos de los pocos alemanes que tenían trabajo y donde la incapacidad de los políticos para resolver los problemas más acuciantes dejaba la puerta abierta para el surgimiento de movimientos cada vez más radicales. Con gran parte de la mano de obra militar desempleada debido a las sanciones, Hitler no tardó en conquistarlos con sus alegorías sobre la Alemania gloriosa del pasado. Para cuando Gran Bretaña y Francia se dieron cuenta del monstruo que sus ansias de venganza en Versalles habían ayudado a crear, ya era demasiado tarde. Europa y el mundo marcharon a una batalla que duró seis años y dejó más de 60 millones de muertos e igual cantidad de desplazados.

***

Como había sucedido durante la Primera Guerra Mundial, la liga fue suspendida al momento de comenzar el nuevo conflicto y el título fue otorgado al Belfast Celtic, el equipo mejor posicionado en ese momento. Su último partido en la temporada 1939/40 fue una contundente goleada 5-0 ante el Linfield. Aunque la actividad de primera división quedó detenida hasta 1947, durante esos años algunos equipos disputaron mini torneos en la ciudad de Belfast, lo que permitió tener cierta sensación de "normalidad" durante los días más difíciles de la guerra, que incluyeron en 1941 varios bombardeos de la Luftwaffe. Esta continuidad hizo que, cuando se reinició de manera oficial la competencia, algunos equipos se destacaran por sobre el resto. Por ejemplo, durante esa temporada de reinicio, Linfield derrotó 10-5 al Coleraine. Y así como volvió el fútbol, también volvieron las tensiones entre católicos y protestantes.

A las ya existentes diferencias religiosas, se le sumaron algunas cuestiones más actuales al sur de la frontera. Primero y principal fue el hecho de que Irlanda abandonara la Commonwealth o Mancomunidad de Estados Británicos tras la elección de John Costello como nuevo Taioseach (Primer Ministro), pero, sobre todo, en Irlanda del Norte el resentimiento se acrecentó debido a que sus vecinos del sur se mantuvieron neutrales durante la guerra contra la Alemania nazi. Bajo el gobierno de Éamon de Valera, Irlanda declaró lo que fue conocido como "La Emergencia", un estado de excepcionalidad en donde, entre otras cosas, se podía condenar sin juicio previo, se ejercía un fuerte control de la prensa y el estado tenía la potestad de controlar bienes privados. El principio de neutralidad irlandesa fue apoyado por la mayor parte de los ciudadanos, incluso aquellos que se sentían cercanos al imperio británico, pero para los norirlandeses fue visto como la última traición. Por esta razón, los hinchas del Linfield (y de todos los clubes protestantes) esperaban con ansias volverse a cruzar con los del Belfast Celtic. La batalla final entre estos equipos ocurrió finalmente el 27 de diciembre de 1947 en el estadio Windsor Park. Y si decimos "batalla final" no estamos exagerando ya que, después de este encuentro, el Celtic se retiró de la liga para nunca más volver.

¿Qué fue lo que desató el último gran incidente? Como suele ocurrir en estos casos, el detonante fue un infortunado choque durante el primer tiempo que terminó con la lesión del futbolista del Linfield, Bob Bryson. En otro tipo de partido, esta acción infortunada sería tomada como un accidente, pero, en el derbi de Belfast, cualquier cosa podía transformarse en un chispazo que hiciera explotar todo. El culpable de la lesión fue un joven protestante de veinte años llamado Jimmy Jones que jugaba de delantero para el Celtic. A diferencia de lo que ocurría en el Linfield, donde los futbolistas católicos tenían prohibida la entrada, los *Hoops* mantenían una política mucho más inclusiva con respecto a los miembros de la iglesia anglicana. Y con 26 goles en lo que iba de la temporada, el muchacho Jones era su máxima figura.

Pese a que ambos equipos habían jugado el día anterior, el Windsor Park estaba lleno ese 27 de diciembre y ambas hinchadas esperaban una victoria contundente de sus muchachos. La capacidad goleadora de Jimmy Jones, pero más que nada sus antecedentes religiosos, lo transformaron en el blanco de todas las miradas y los insultos de los hinchas del Linfield. Para los fanáticos Blues resultaba inadmisible que un joven protestante jugara para un equipo de católicos, más si tenemos en cuenta que su primo, Jack, había sido un destacado jugador de la escuadra protestante.

Las cosas comenzaron a ponerse espesas en la primera mitad cuando Jones colisionó con Bryson y le produjo a este último una dura lesión en el tobillo. Minutos más tarde, cuando el jugador lastimado estaba siendo atendido y el partido continuaba su curso, un directivo del Linfield comenzó a gritar que Bob Bryson se había roto una pierna y el culpable era el traidor Jones.

Aunque todavía faltaba disputarse buena parte del campeonato, en el aire reinaba la sensación que quien se llevara la victoria esa tarde, sería el que eventualmente se llevaría el título a final de temporada. De más está decir que tras la lesión de jugador del Linfield, toda noción de caballerosidad se abandonó y las entradas fueron cada vez más fuertes. Pese a que los Blues terminaron con ocho jugadores en el campo y Celtic con diez, la paridad entre los equipos no se rompió y el partido terminó 1-1.

Cuando el árbitro dio el pitazo final, el caos comenzó. Los hinchas del Linfield invadieron el campo de juego con la complicidad de los oficiales de la Royal Ulster Constabulary (RUC), la policía inglesa en Irlanda del Norte, y enfilaron hacia donde estaban los jugadores rivales. Si bien hubo golpes para todos los integrantes del Celtic, el que se llevó la peor parte fue el joven Jimmy Jones, que fue molido a palos, quedó inconsciente y terminó con una de sus piernas rotas. Otros futbolistas que resultaron heridos severamente fueron Robin Lawlor y Kevin McAlinden.

Para Jones, que en ese momento era un menor para las leyes norirlandesas, este vil ataque pudo haber terminado con su carrera. Debido a la múltiple fractura de su pierna, los médicos evaluaron la amputación y debió someterse a cuatro operaciones para poder recuperarla. Por suerte para él, las intervenciones fueron exitosas y pudo continuar jugando por más de diez años en el Glenavon. Pero en el Celtic la paciencia ya se había agotado. Consientes que la RUC había dejado la zona liberada para el ataque y que luego no habían hecho nada para apresar a los culpables, los directivos del club denunciaron en un comunicado que aquellos que debían cuidarlos no lo hicieron. Con la prensa unionista tratando de desviar la atención del incidente y culpar a "elementos marginales que no representan a los fanáticos del Linfield", pronto quedó en evidencia que nada iba a suceder. La federación apenas si multó al club protestante por dos partidos sin poder jugar en condición de local.

Lejos de calmarse las aguas, con el pasar de los días la indignación fue creciendo en los círculos católicos y algunos parlamentarios llevaron el caso a las audiencias del *Stromont*, donde protestaron contra la liviandad de la Royal Ulster Constabulary. Incluso se rumoró que el equipo abandonaría la competencia y se uniría a la liga de Irlanda en la temporada siguiente. Lo cierto es que, tras el incidente, el Belfast Celtic comenzó a enviar a sus mejores jugadores a la liga de Inglaterra y confirmó que, tras el final de la temporada (sería subcampeón detrás del Linfield), abandonaba para siempre la liga de Irlanda del Norte. En 1949 el club organizó una gira despedida por Estados Unidos y Canadá que tuvo todos los condimentos. En su arribo a Nueva York fueron recibidos como héroes por la comunidad irlandesa de la ciudad y hasta el alcalde William O'Doyer –que había nacido en Irlanda en 1890 y a los 20 años emigró a Estados Unidos– pidió conocerlos. / La gira norteamericana fue un éxito y se dieron el lujo de derrotar 2-0 al equipo nacional de Escocia, pero la decisión de abandonar la competición ya estaba tomada y no había vuelta atrás. El lugar del Belfast Celtic en la temporada 1949/50 fue tomado por el Crusaders, un equipo del norte de Belfast con fuerte ligazón con los protestantes.

LOS TROUBLES

Con la salida de los *Hoops*, los católicos de la ciudad perdieron una parte muy importante de su identidad, y aunque no tardarían en encontrar un nuevo equipo al cual apoyar, un sentimiento de tristeza embargaba a esta intensa minoría. Pero lo peor estaba por venir. A finales de los años 60, la Isla de Irlanda, pero sobre todo Irlanda del Norte, comenzó a transitar su época más violenta, con los distintos grupos paramilitares que operaban dentro del territorio enfrentándose entre sí y contra las fuerzas de seguridad. Este período, que tuvo su momento más álgido en los años 70 y 80, pero se extendió hasta finales de los años 90, cuando se firmaron los Acuerdos de Viernes Santo, fue conocido como The Troubles (Los Problemas).

La violencia en las calles no fue algo que ocurrió de la noche a la mañana. Durante muchos años, las élites unionistas que dominaban todos los órganos políticos del país perpetuaron el abuso de poder sobre los católicos. Esto generó que a mediados de los años 60 se formaran asociaciones en favor de los derechos civiles cuyas reivindicaciones iban más allá del fin de la discriminación política y económica. El principal reclamo era la modificación de las leyes electorales locales (vigentes desde 1923), las cuales solo permitían votar a aquellos que fueran propietarios. En un contexto donde la mayoría de los católicos no podían acceder a empleos bien remunerados, se instauró en Irlanda del Norte una suerte de *apartheid* religioso. A la par del surgimiento de los movimientos sociales, renacieron las principales agrupaciones paramilitares del Ulster: la unionista y protestante UVL y la republicana y católica IRA.

A tono con lo que sucedía en otras partes del mundo, donde las protestas y el activismo político iban en aumento, en Irlanda del Norte los movimientos civiles en favor del catolicismo tomaron las calles, no siempre de manera pacífica. Para completar el explosivo coctel, las fuerzas de seguridad como la RUC estaban compuestas casi en su totalidad por protestantes. La sangre no tardaría mucho en correr.

/ El incidente que muchos señalan como el desencadenante de los Troubles fue una dura represión ocurrida el 5 de octubre de 1968 en el condado de Londonderr, después de una de las tantas protestas que se sucedían en el Ulster. Tras este hecho, y ante la posibilidad de un escalda de violencia, se introdujeron algunas tímidas reformas que no fueron suficientes para responder a las demandas católicas, pero si para poner en alerta a los protestantes. Aunque durante los primeros meses de 1969 reinó una tensa calma, a mediados de año la ciudad de Belfast experimentó una ola de violencia inusitada, con bandas protestantes incendiando casas en los barrios católicos. La mayoría de estos grupos provenían de Shankill Road –el principal barrio obrero del oeste de la ciudad– y estaban integrados por simpatizantes del Linfield. La creciente tensión política y la incapacidad del gobierno norirlandés de controlar los incidentes habituales hicieron que los británicos desplegaran fuerzas militares en el territorio como una manera de terminar con la violencia, pero sucedió todo lo contrario. Los soldados que supuestamente habían sido enviados para combatir contra el IRA también debieron enfrentarse a los comandos unionistas como el UVF. En un giro del destino, las guerrillas protestantes luchaban contra el imperio al que deseaban seguir perteneciendo con la misma intensidad con la que enfrentaban a sus contrapartes católicos y republicanos.

***

Con la salida del Belfast Celtic, el dominio de la liga de Irlanda del Norte quedó en manos de los equipos protestantes, siendo el Linfield el más exitoso de todos. Dado su poderío en el ámbito local, los Blues podían darse algunos lujos que otros cuadros no podían permitirse. Por ejemplo, en 1957, la escuadra protestante contrató como jugador-manager al delantero Jackie Milburn, una gloria del Newcastle United que había convertido más de 200 goles para el Toon y fue parte fundamental en la obtención de tres FA Cups (1951, 1952 y 1955).

Pese a llegar a Irlanda del Norte con 33 años, Milburn produjo un impacto inmediato en Windsor Park y por espacio de tres años dominó la competición como ningún otro jugador. Con él, Linfield ganó dos ligas y una Copa Norirlandesa, finalizó como el máximo goleador del certamen durante sus dos primeras temporadas y fue elegido el Mejor del Año en el Ulster durante 1958. Además, se dio el lujo de ser el primer futbolista del club en marcar goles en competiciones europeas (contra el IFK Goterborg de Suecia en la ronda preliminar de la Copa de Campeones 1959). En cualquier otro club del mundo, un futbolista del calibre y

los logros de Milburn sería un ídolo indiscutido, pero Linfield no es como cualquier otro club. Si bien es cierto que la mayoría de la gente lo estimaba, un sector de la hinchada se resistía a su presencia debido a que este era católico. Para Jackie, aun cuando provenía del norte de Inglaterra y no de la cosmopolita Londres, la cuestión religiosa apenas si tenía trascendencia, pero en Belfast la historia era totalmente distinta. Durante meses, el jugador recibió cartas amenazantes y apenas si les dio importancia, pero, cuando en una las misivas advertía sobre la posibilidad de que su esposa fuese atacada con ácido en plena calle y a la vista de todos, el antiguo delantero del Newcastle decidió que sus días en Irlanda del Norte habían terminado. Pese a la salida de Milburn en el equipo, el Linfield no resintió su dominio en el ambiente local y en 1962 repitió la proeza conseguida cuarenta años antes: ganar siete trofeos en una sola temporada.

Ya sin el Celtic, la mayor rivalidad de los Blues pasó a ser el Glentoran, uno de los cuadros más ganadores de Irlanda del Norte que, pese a ser también un equipo protestante, eran muchos más abiertos en cuanto a sus políticas de afiliación religiosa. Históricamente, los Glens nunca tuvieron problemas en alinear jugadores o aceptar hinchas católicos, motivo suficiente para transformarse en el nuevo clásico del Linfield. Al calor de los Troubles, los partidos entre estos equipos se volvieron batallas campales donde los jugadores católicos eran sometidos a todo tipo de abusos. El odio era tan grande que incluso llevó a situaciones desopilantes como la ocurrida en durante un partido de la Copa de Campeones 1968, cuando el Glentoran recibió al Benfica de Eusebio. Como era previsible, los portugueses eran candidatos en este encuentro, lo que llevó a cientos de hinchas del Linfield a concurrir al estadio The Oval —llamado despectivamente "Ciudad del Vaticano"— para ver una goleada del cuadro luso. Lamentablemente para ellos, los Glens tuvieron una tarde noche histórica y consiguieron un empate 1-1 frente a una de las potencias de la época.

Los años 70 y 80 fueron una época terrible en la Isla de Irlanda, pero principalmente en el Ulster. Los grupos paramilitares unionistas y católicos llevaron la violencia al extremo y las calles ya no eran seguras para nadie. En Belfast, cualquier sospechoso de ser católico podía terminar acuchillado o caer bajo las balas de la UVF si tenía la mala suerte de perderse por las calles de Shankill Road. El IRA por su parte, había entrado en conflicto con sí misma, produciéndose un cisma entre aquellos que pretendían terminar con las políticas de abstencionismo y volver a la vida institucional por medio del partido Sinn Fein y un sector intransigente que no deseaba ningún tipo de negociación con el enemigo. Mientras que el IRA Oficial optó por llevar adelante demostraciones civiles no violentas, el IRA Provisional pasó a las armas y comenzó una guerra de guerrillas que no se limitaría solamente a los seis condados del Ulster. Más temprano que tarde, los atentados llegaron al resto del Reino Unido y pusieron en el centro de la escena política una cuestión que la mayoría de los ciudadanos de Inglaterra apenas si intentaba comprender. El asesinato de Lord Mountbatten —tío de la Reina Isabel y un miembro muy influyente de la Familia Real— en un atentado ocurrido en 1979 en Irlanda, y el bombardeo del Grand Hotel en Brighton durante una convención del Partido Conservador en 1984 (el plan era matar a la Primer Ministro, Margaret Thatcher) fueron un duro despertar para una sociedad británica que apenas si se había despabilado por los hechos ocurridos durante el "Domingo Sangriento" de 1972, cuando un grupo de soldados ingleses masacró a civiles desarmados durante una protesta por los derechos civiles de los católicos llevada a cabo en Londonderry.

***

El Derry City fue uno de los clubes que más sufrió durante toda esa etapa. Fundado en 1928 en el condado que años más tarde sería tristemente célebre por la masacre del "Domingo Sangriento", fue el sucesor de un antiguo cuadro llamado Derry Celtic FC que compitió en la liga de

Irlanda del Norte hasta 1913. Desde el nombre, esta institución dejó en claro su fuerte identificación con la gran mayoría católica del condado ya que, mientras los protestantes utilizaban el nombre "Londonderry", la católicos suprimían el "London".

A lo largo de su historia —que incluyó la obtención de una liga y tres Copas Norirlandesas— el Derry nunca la tuvo fácil en sus viajes a los demás estadios de la liga, pero sus hinchas se tomaban revancha cada vez que les tocaba hacer de local. Ubicado en el barrio de Bogside —un fuerte enclave católico y republicano—, los equipos que llegaban desde Belfast al estadio del Derry eran recibidos a pedradas. En los años 70, cuando los Troubles ya eran una realidad, la ciudad de Derry se transformó en un polvorín y las barricadas se hicieron parte del entorno habitual. La violencia llegó a tal punto que tras un partido en donde los hinchas del Derry y el Linfield se enfrentaron en las gradas, el fixture de vuelta fue suspendido por orden de la Royal Ulster Constabulary ante el miedo de no poder contralar lo que suceda en las tribunas.

Por esta razón, la federación norirlandesa decidió que el cuadro de Londonderry llevara su localía a otros estadios para así evitar problemas mayores. Esta decisión fue fatal para el club ya que no solo perdía la posibilidad de jugar frente a sus hinchas sino que además las pérdidas económicas serían muy grandes. Por ejemplo, durante un encuentro de la Ulster Cup 1972, disputado en la cancha del Coleraíne, apenas si recaudó 33 libras de taquilla. Finalmente, en octubre de ese año la directiva del Derry City tomó la difícil decisión de dejar la liga a mitad de temporada, consientes que sería muy difícil subsistir en estas circunstancias y convencidos que su salida se debió pura y exclusivamente a los obstáculo que les puso en el camino la federación de Irlanda del Norte. Durante más de una década, el club subsistió con sus categorías inferiores a la espera de poder volver cuando las condiciones le sean más favorables, pero durante todo ese tiempo las idas y vueltas de la asociación y la violencia irresuelta en Irlanda del Norte impedía el retorno. Finalmente, en 1984, decidieron cambiar de objetivo e incorporarse a una competición en donde serían mejor recibidos: La liga de Irlanda. Como la competición de *Eire* atravesaba una de sus tantas restructuraciones, el Derry debería incorporase en la recientemente creada segunda división, pero primero necesitaría un permiso especial de la FIFA. En octubre de ese año, la federación internacional dio el visto bueno para que el cuadro de Irlanda del Norte se uniera a la liga irlandesa.

<u>SON LO MISMO</u>

¿Qué pasó con los católicos fanáticos del futbol cuando el Belfast Celtic dejó la liga a finales de los años 40? Como ya dijimos, pese a ser un cuadro de raíz protestante, el Glentoran recibió con los brazos abiertos a muchos ellos, pero la gran mayoría mudó su pasión hacia el Cliftonville FC, un cuadro amateur fundado en 1879 —el más viejo del Ulster— y que mantuvo ese estatus por casi un siglo. Durante sus primeros 40 años de vida, la escuadra tuvo un relativo éxito, consiguiendo dos ligas (1905/06 y 1909/10) y varias copas locales, pero, a medida que los demás clubes fueron profesionalizándose, los *Reds* quedaron rezagados, terminando en el último lugar de la tabla en 22 temporadas desde 1937 a 1969. No fue hasta que dejaron el amateurismo que los resultados comenzaron a mejorar. Finalmente, en 1979, Cliftonville pudo volver a gritar campeón por primera vez en casi 50 años tras alzarse con la Irish Cup de ese año. Aunque este éxito fue fugaz (recién en 1998 ganaría nuevamente la liga), ocurrió en uno de los peores momentos de los Troubles, por lo que las escuadras protestantes, y en especial el Linfield, tomaron una especial aversión para con este cuadro. Aunque los Blues habían elegido al Glentoran como nuevo clásico rival, cada partido ante el Cliftonville era un desfile de banderas del Reino Unido, la UVF y cánticos unionistas. Como era de esperarse, los incidentes entre ambas hinchadas se hicieron habituales y por esta razón durante 28 años los *Reds* no pudieron hacer de local en su estadio, Solitude. Pese a no ser tan peligroso como Shankill o Falls Road, el barrio aledaño a la cancha del Cliftonville estaba plagado de simbología católica y en cada esquina podía ocurrir una emboscada. El recinto elegido para este encuentro era siempre el Windsor Park, ubicado en el área protestante de la ciudad de Belfast. Ahora bien, esto no quiere decir que no hubiera problemas. En 1991, durante un partido disputado tres días después de que tres soldados británicos fuesen asesinados por el IRA Provisional, un guerrillero del Ulster Defense Association (UDA) lanzó una granada de mano hacia el sector donde varios directivos del Cliftonville estaban sentados.

Recién en 1998, año en el que se firmaron los Acuerdos de Viernes Santo y en el que Cliftonville volvió a ganar una liga después de casi 80 años, el Linfield pudo volver el campo de juego del estadio Solitude, y solo después de que sectores de ambas hinchadas se comprometieran a trabajar unidas para terminar con el sectarismo religioso.

***

Por más de 20 años, la paz ha persistido en el Ulster aunque no siempre ha sido fácil. Pese a que las guerrillas están prácticamente desarmadas —el estatus del UVF sigue siendo activo, pero su poder de fuego es muy limitado—, las tensiones políticas entre los sectores católicos y protestantes (o republicanos y unionistas) suelen aparecer, aunque esta vez la "sangre no llega al rio" y todo se define en un parlamento en donde el Sinn Fein y los partidos unionistas se reparten los asientos de manera mucho más equitativa. En este contexto, donde los hechos de violencia son aislados incluso en los estadios, todo hace pensar que el fútbol de Irlanda del Norte tendría que haber resurgido de sus cenizas y mejorado sus estándares de excelencia, pero lo cierto es que años de malas decisiones de los directivos de la federación y el desmedido crecimiento de la Premier League (e incluso también de la liga escocesa) lo han condenado a ser casi una liga rural dentro del Reino Unido. En 2005 se calculaba que 20 000 norirlandeses se trasladaban todos los fines de semana a Inglaterra y Escocia para presenciar los partidos de esas respectivas ligas y ese número no ha parado de crecer. Hoy, los niños de Belfast se sienten mucho más identificados con el Manchester United, el Liverpool, el Rangers o el Celtic. Incluso un deporte como el hockey sobre hielo suele atraer mucho más público del que concurre a los estadios de futbol. El "truco" de la liga de hockey es bastante simple a decir verdad: su lema es "Representamos a todos. No somos católicos ni protestantes. Somos fanáticos del hockey". De hecho, si a alguien se le ocurre utilizar una camiseta de fútbol durante los encuentros de hockey, es "invitado" a retirarse de las instalaciones. Para muchos, fútbol y sectarismo político y religioso todavía son lo mismo.

CAPÍTULO 4

SYDNEY FC VS. WESTERN SYDNEY WANDERERS

UN POCO DE PASIÓN EN LA LIGA PLÁSTICA

El 8 de octubre de 2016 ocurrió un hecho bastante inusual para el fútbol australiano. En lo que fue la primera fecha de la temporada, casi 62 000 personas se dieron cita en las tribunas del ANZ Stadium para ver el decimotercer derbi de la historia entre el Sydney FC y el Western Sydney Wanderers. En esa noche primaveral, la A-league vivió una de sus jornadas más importantes de su corta vida, batiendo todos los récords de espectadores en las tribunas y de ratings televisivo, algo impensado en un país donde el fútbol es un deporte de tercer o cuarto orden y que sufre constantes ataques por parte de los medios más tradicionalistas. Para el Sydney FC, ese encuentro fue el punto de partida de torneo de película bajo las órdenes del entrenador Graham Arnold. Con goles de Filip Holosko, el brasileño Bobo, Brandon O'Neill y Alex Brosque, la escuadra celeste comenzó de la mejor manera un torneo que, a la postre, lo tendría como campeón y en donde solo perdería un encuentro (casualmente el tercer derbi de Sídney de la temporada). Más allá del resultado, el verdadero espectáculo estuvo en las gradas.

Históricamente, el fútbol en Australia estuvo relegado a las comunidades de migrantes europeos que llegaron al gran país del hemisferio sur tras la Segunda Guerra Mundial. Obligados a adaptarse a una nación y un idioma que no conocían, los integrantes de las diásporas comenzaron a formar clubes y a organizar su vida cultural en torno a ellos. Cada partido de las competencias estatales —la primera liga nacional no fue formada hasta finales de los años 70— era la oportunidad para cantar las canciones del viejo terruño y exhibir con orgullo las tradiciones de la madre patria, algo que no siempre podían hacer en la vida diaria. Antes que abrazara el tan mentado multiculturalismo, la sociedad australiana era sumamente conservadora y veía con desconfianza a los recién llegados. Bajo la premisa "Mi techo, mis reglas", prácticamente se les exigía a los nuevos *aussies* que adoptaran las costumbres locales, siendo una de ellas el fútbol de reglas australianas o *footy*. Creado en la segunda mitad del siglo XIX en las *public schools* de Melbourne, este deporte rápidamente ganó adeptos por su rudeza y despliegue físico, algo que reflejaba la imagen que los australianos tenían de sí mismos. En cambio, el *soccer* siempre fue visto como un elemento invasor que atentaba contra las buenas costumbres de la sociedad, que debilitaba a los jóvenes y que los acercaba a ideologías peligrosas. Por esta razón, durante la primera mitad del siglo XX, su desarrollo fue muy limitado y recién con el aluvión de inmigrantes europeos de la postguerra (la mayoría proveniente de los países de Europa del Este) comenzó a tener un mayor crecimiento. Aun así, no fue recién hasta 1977 —tres años después de la histórica clasificación de la selección australiana a la Copa del Mundo 1974— que la National Soccer League (NSL) tuvo su temporada inaugural.

Pese a disfrutar de una época de oro a finales de los años 80 y principios de los 90, la NSL nunca pudo meterse en el corazón del gran público por ser consideraba demasiado "étnica" y solo subsistió gracias al apoyo de los inmigrantes y su descendencia. A todo esto, se le sumaba el desastroso manejo del quienes llevaban las riendas del deporte a nivel nacional, sobre todo en la última parte del siglo XX. Siempre deficitario, el fútbol no podía sobrevivir sin la constante ayuda financiera del estado y, tras no conseguir la clasificación a la Copa del Mundo Corea/Japón 2002 (algo que se daba por descontado), el Primer Ministro, John Howard, encomendó a su Ministro de Deportes la conformación de una comisión de notables que determinara las causas de los sucesivos fracasos y un curso de acción para revertir el camino. De este comité salió lo que sería conocido como el "Informe Crawford" —en honor al director de este grupo—, el cual planteó puntos innegociables para lograr una reforma exitosa. Entre ellos estaban la creación de una competencia nacional totalmente profesional y la mudanza de Australia a la Confederación Asiática de Futbol (AFC). El hombre elegido para comandar la nueva Football Federation Australia (FFA) fue Frank Lowy, un exitoso multimillonario dueño de la cadena de centros comerciales Westfield, que además presidió al Sydney Hakoah durante una década y lo llevó a convertirse en uno de los cuadros más exitosos de Australia.

Una de las primeras medidas de Lowy como el nuevo hombre fuerte fue terminar las operaciones de la NSL al final de la temporada 2003/04 e inmediatamente anunciar la creación de la A-league, un torneo completamente profesional y que sería forjado a imagen y semejanza de la Major League Soccer norteamericana. Históricamente, los equipos de la vieja primera división eran en su mayoría clubes sociales que subsistían gracias al mecenazgo de algún empresario o miembro de la comunidad que tenía vínculos emocionales con la institución y, por esta razón, el profesionalismo seguía siendo un sueño para los futbolistas australianos. La gran mayoría de ellos debían trabajar durante el día y entrenar por las tardes y la única manera que tenían para vivir del fútbol era jugando en el extranjero, ya sea en Asia o Europa. En este contexto, aquellos que se integraban a las ligas de Italia, Inglaterra, Francia o Alemania eran verdaderos privilegiados. El caso que mejor reflejaba las deficiencias del *soccer* australiano fue el de Alex Tobin, considerado uno de los mejores futbolistas *aussies* de la historia y miembro de la selección nacional por más de una década

(fue parte del histórico repechaje de 1993 ante la Argentina de Diego Maradona). Por las mañanas, el defensa del Adelaide City debía ganarse la vida como arquitecto.

Recién en la segunda mitad de los años 90 apareció en la NSL el primer equipo formado con una lógica más deportiva o comercial, y que tenía futbolistas completamente profesionales. Ese fue el Perth Glory del estado de Australia Occidental. Con esta nueva modalidad, que luego sería replicada por otras instituciones, se buscaba potenciar el espectáculo y hacerlo más atractivo al público general. Por esta razón, cuando la A-league decidió copiar el modelo de la MLS, el Glory fue uno de los pocos cuadros que pudieron hacer la transición desde la NSL a la nueva liga (también lo consiguieron el Adelaide United y el Newcastle). Pero la gran mayoría se quedó con las ganas.

Haciendo uso del mantra que utilizó el brasileño Joao Havelange cuando pisó suelo norteamericano por primera vez, Frank Lowy llegó a la cima de la federación con la intención de vender un producto llamado fútbol. Consciente de que la mayoría los equipos de la NSL tenían un componente étnico que generaba rechazo en el gran público australiano (por ejemplo, todos sabían que el South Melbourne era el club de los griegos y el Melbourne Knights el equipo de los croatas), el plan fue crear nuevas franquicias que se identificaran no con una diáspora sino con una región. Utilizando el modelo "una ciudad/un club" que ha sido tan popular en Estados Unidos, estos nuevos cuadros permitirían a un mayor número de personas sentirse cobijados. Además, de esta manera se fomentaba las rivalidades estatales.

¿Y qué pasó con los equipos que hasta ese momento eran parte de la NSL? La mayoría volvió a regañadientes a las categorías estatales, donde muchos de ellos subsisten hoy en día. Para instituciones como el South Melbourne o el Wollongong Wolves, que ganaron varios títulos nacionales y hasta incluso la Copa de Campeones de Oceanía, esta decisión fue tomada como un insulto a su rica historia y por eso hoy sus hinchas son los detractores número uno de la A-league, la cual es llamada despectivamente como "la liga plástica". Pero mientras estos fanáticos renegados le daban la espalda, la mayoría de los adeptos al fútbol esperaba con ansias lo que les deparaba el futuro. El lunes 1 de noviembre de 2004, las máximas autoridades de la federación, la liga y los ocho clubes inaugurales se congregaron en el Darling Harbour de Sídney para presentar al mundo la nueva competición. Perth Glory, Adelaide United, New Zealand Knight, Queensland Roar, Newcastle Jets, Melbourne Victory, Central Coast Mariners y Sydney FC serían los cuadros que saldrían a la cancha diez meses más tarde.

EL PRIMER GRANDE

Desde siempre, las ciudades de Sídney (Nueva Gales del Sur) y Melbourne (Victoria) han sido los grandes polos futbolísticos de Australia. Es allí donde se concentran la mayor cantidad de clubes amateurs y semiprofesionales y de ahí provienen los mejores futbolistas del país. Como era de esperarse, ambas metrópolis apuntaban a ser los grandes protagonistas de esta nueva competencia y la federación puso especial énfasis para que sus clubes se transformaran en los grandes rivales de la A-league. Pero lo cierto es que Sydney FC destacaba por sobre el resto.

Para empezar, el propio presidente de la Football Federation Australia, Frank Lowy, fue accionista minoritario del equipo —junto con el actor australiano radicado en Hollywood, Anthony La Paglia— durante seis años hasta que en 2012 vendió su parte al aun hoy dueño mayoritario, el empresario ruso David Traktovenko. Pero, por sobre todo, la escuadra celeste fue construida con la misma lógica con la que fue erigido él LA Galaxy de la MLS: un equipo glamoroso y dispuesto a gastar. Mientras que el resto de las franquicias reclutó mucho talento local y extranjeros de nivel medio, el Sydney FC apostó a dar el golpe de efecto desde el minuto cero. Como su primer entrenador, contrató a la gloria alemana Pierre Littbarski y en su plantilla inaugural fueron incluidos algunos habituales de la selección nacional como Steve Corica, Mark Rudan o el arquero Clint Bolton. La frutilla del postre serían los jugadores internacionales.

El primer gran fichaje fue el exdelantero del Manchester United, Dwight Yorke, el cual recientemente había quedado libre del Birmingham y fue convencido por los dueños después de un paseo en helicóptero por la ciudad. Aunque la fama de fiestero que precedía al jugador era una cuestión espinosa, el hombre de Trinidad y Tobago probó ser todo lo que la liga necesitaba. En su única temporada en el equipo, Yorke deslumbró al público *aussie* con sus toques de lujo y sus gambetas y, pese a salir de parranda durante varias noches a la semana, nunca se perdió un entrenamiento y era uno de los que más se esforzaba. Pero el trinitense no fue la única gran estrella del equipo. Habiéndose coronado campeón de Oceanía en 2005 (la Copa de Campeones de la OFC se disputó antes de que empezara de manera oficial la liga y el Sydney accedió a ella mediante un mini torneo clasificatorio), el Sky Blue se quedó con el cupo del continente para jugar la Copa Mundial de Clubes de la FIFA 2005, a disputarse en Japón en el mes de diciembre. Por este motivo, la directiva decidió fichar como jugador "invitado" a la leyenda asiática Kazuyoshi Miura. Aunque el equipo terminó en quinto lugar después de perder 1-0 frente al Saprissa de Costa Rica y ganarle 2-1 al Al-Ahly de Egipto, la presencia del astro japonés hizo de los australianos el equipo más popular del torneo. En el ámbito local, y pese a no haber sido muy regular durante la fase campeonato, Sydney FC también pudo gritar campeón tras derrotar 1-0 al Central Coast Mariners en la primer Gran Final de la liga. Esa tarde, Dwight Yorke fue fundamental para conseguir la victoria – dio la asistencia para el gol de Corica y fue elegido el MVP del partido– y cerró con broche de oro su etapa australiana. Las más de 45 000 personas que se dieron cita en el partido decisivo fueron la prueba fehaciente de que el fútbol finalmente había conseguido un lugar de preferencia en el corazón de los aficionados australianos. O al menos eso parecía. Pese al inicio esperanzador en las tribunas, lo cierto es que los clubes registraron pérdidas millonarias. Incluso el Sydney FC necesitó recaudar tres millones de dólares adicionales para tapar los agujeros de esta primera temporada. En total, los ocho equipos de la A-league tuvieron un déficit conjunto de 15 millones anuales y para el final de la segunda temporada el New Zealand Knights fue disuelto y su licencia entregada a la federación de Nueva Zelanda para que esta formara un nuevo equipo, el Wellington Phoenix. Aun así, la buena performance de la selección australiana en la Copa del Mundo 2006 (estuvo muy cerca de pasar a los cuartos de final) y la mudanza a la Confederación Asiática de Fútbol daban la sensación de que el proceso de transformación estaba bien encaminado y por este motivo, en 2009 dos nuevos equipos se unieron a la competición: el Gold Coast United y el North Queensland Fury, ambos del estado de Queensland.

* * *

¿Por qué una expansión tan rápida? En ese momento Frank Lowy impulsaba la candidatura de Australia para ser sede de la Copa del Mundo 2018 y necesitaba mostrar que la nueva liga crecía a pasos agigantados. Incluir a la ciudad de Gold Coast parecía un movimiento lógico debido a que esta, con sus playas paradisíacas y sus parques de diversiones, es la zona turística por excelencia del país, pero la elección probó ser un desastre. Los nuevos equipos no causaron impacto alguno debido a que Queensland es el estado donde el rugby es el deporte más importante, y para el año 2012 ambos dejaron de existir.

Más temprano que tarde, los directivos de la federación comprendieron su error y decidieron que las nuevas expansiones tengan lugar en las regiones donde el fútbol era más popular: Melbourne y Sídney. A inicios de la temporada 2010/11 hizo su ingreso en la competición el Melbourne Heart como el segundo equipo en la capital del estado de Victoria, algo que impactó de manera positiva en la competición. Atrás había quedado el concepto de "una ciudad, un equipo" y la idea de fomentar las rivalidades interestatales. Pese a que los partidos entre el Sydney FC y el Melbourne Victory eran considerados los más importantes de la temporada, realmente no había un historial de choques

memorables ni sus hinchadas se guardaban especial odio entre ellos. Esta peculiar situación no hacía más que confirmar la postura que tenían los fanáticos más intransigentes de aquellos clubes que habían sido parte de la vieja National Soccer League y hoy estaban jugando en las categorías estatales.

En cuanto a resultados deportivos, tras festejar un nuevo título en la temporada 2009/10, el Sydney FC se hundió en una crisis futbolística y financiera. En el campeonato 2010/11, el club finalizó en la novena posición en la fase regular —la más baja de su historia— y quedó fuera de los *play-off* por el título. En la Champions de Asia las cosas no fueron buenas tampoco, quedando eliminado en la fase de grupos. Pero el Sydney FC no era el único en la ciudad que tenía problemas.

El consorcio llamado Sydney Rovers, que había conseguido una licencia de la A-league en la ronda de expansión de 2009, anunció en diciembre de 2010 que no había logrado reunir la cantidad de dinero suficiente, poniendo así en duda su futuro ingreso a la liga (programado para la temporada 2011/12). Esta noticia era un impacto directo en la línea de flotación de un futbol australiano que ya veía como le entraba el agua por todos lados.

Con la ilusión de organizar la Copa del Mundo, la Football Federation Australia siguió, inyectando dinero en las deficitarias franquicias de Gold Coast United y North Queensland Fury, aun cuando la asistencia a los partidos de estos equipos era paupérrima. / Pero en noviembre de 2010, Rusia y Qatar fueron elegidos para organizar los Mundiales 2018 y 2022 respectivamente y el castillo de naipes se desmoronó. Australia, que se consideraba gran candidata para 2022, ni siquiera pasó a la ronda final y a la decepción lógica por la noticia, se le sumó más tarde los cuestionamientos a la federación y a los gobiernos del laborista Julia Gillard y su antecesor, Kevin Rudd, por haber gastado dinero de los contribuyentes en una oferta que, a la postre, todos sindicaron como muy deficiente. La situación se tornó aún más compleja cuando salieron a la luz presuntos sobornos de la FFA a distintos funcionarios claves de la FIFA. En ese contexto, el presidente Frank Lowy no era precisamente la persona más querida del barrio, por lo que una ayuda financiera a la liga no era la prioridad del gobierno. Tras el final de la temporada 2010/11, el North Queensland Fury fue disuelto e igual suerte corrió el Gold Coast United al año siguiente. En noviembre de 2011, una auditoría interna arrojó resultados funestos: el conjunto de los clubes de la A-league perdía aproximadamente 20 millones de dólares anuales y ninguno de los equipos tenía ni el más mínimo margen de ganancias.

Con duros cuestionamientos a su gestión, una liga que había perdido tres equipos en siete temporadas y una expansión a punto de no concretarse, todo hacía pensar que los días de Lowy al frente del fútbol *aussie* estaban contados, pero el empresario hizo el movimiento más arriesgado de todos. En lo que podría catalogarse como una fuga hacia adelante, la federación revivió el difunto proyecto del Sydney Rover y se propuso fundar y gestionar un nuevo club hasta tanto este fuese sustentable por sí solo y así vender la licencia en pleno funcionamiento a un grupo inversor. Así nació el Western Sydney Wanderers.

UN ITALIANO EN EL SALVAJE OESTE

Con una población de dos millones de personas, de las cuales más de 100 000 tenían algún tipo de vínculo con el *soccer*, el oeste de Sídney se había vuelto una región clave para apuntalar el crecimiento de la liga. En esa zona de la ciudad estaban afincados varios clubes históricos de la National Soccer League y de allí habían surgido futbolistas como Mark Rudan, Mark Bosnich, Harry Kewell y Tony Popovic. Este último precisamente, fue el elegido para comandar al Western Sydney Wanderers en su temporada inaugural. Popa, como era conocido por todos en Australia, estaba en ese momento haciendo sus primeras armas como ayudante de campo en el Crystal Palace de Inglaterra, equipo en el que había brillado a principios del nuevo milenio. Curiosamente, en la etapa final de su carrera como jugador,

Popovic fue un miembro valioso de la plantilla del Sydney FC. Ahora bien, pese a que la noticia del nuevo club había revolucionado a la ciudad, había mucho que hacer y poco tiempo. En menos de seis meses el club debería elegir colores, estadio y conformar una plantilla competitiva. Al no tener una base de operaciones establecida, la mayor parte de las negociaciones se hacían desde el living de la casa del recién designado entrenador que, para preocupación de la federación, parecía inclinarse por futbolistas locales que no eran tenidos muy en cuenta en sus respectivos equipos de la A-league. Incluso llegó a rechazar la posibilidad de que el alemán Michael Ballack se uniera a las filas del equipo que vestiría de rojo y negro.

Pese a esto, en la otra vereda habían acusado el golpe. La mala actualidad deportiva y la posibilidad cierta de perder parte del apoyo popular que el equipo tenía hasta el momento obligaron a los directivos del Sydney FC a salir de su letargo. Y qué mejor que el fichaje del astro italiano Alessandro del Piero para hacerlo. La contratación del histórico futbolista de la Juventus surgió casi de casualidad, pero requirió de toda la paciencia y "muñeca" por parte de los directivos australianos. El contacto clave fue un agente local llamado Lou Sticca que, además de ser uno de los grandes intermediarios del mercado australiano, también es un fanático de la *Juve*. Durante un viaje de placer en Italia, y cuando aún no se sabía que sería del fututo de Pintuchio, Sticca entabló contacto con el representante y hermano del jugador. En un momento de la conversación, el agente le sugirió la posibilidad de Del Piero se uniera a la liga en la temporada 2012/13, a lo cual el representante respondió agradeciendo el ofrecimiento, pero descartando todo chance. Aun así, el contacto entre ambos se mantuvo vía email y cada tanto el intermediario australiano sacaba a relucir el tema y masajeaba el ego del futbolista. Una vez confirmada su salida de la Juventus, todos los caminos de Alessandro Del Piero conducían a la Major League Soccer, donde el LA Galaxy partía como favorito para hacerse de sus servicios. Pese a que la idea de jugar en la MLS lo seducía, la certeza de que no sería la figura máxima de la competición —lugar que le que correspondía al inglés David Beckham— era un motivo de peso para declinar el ofrecimiento. Y es ahí donde la A-league finalmente obtuvo a su "pez gordo".

Sticca y el CEO del Sydney FC, Tony Pignata, viajaron hasta Turín para convencer personalmente al futbolista de que jugar en Australia era la mejor opción para su carrera y que allí podría causar un impacto aun mayor que el que tuvo el *Spice-boy* en Estados Unidos. Finalmente, y pese a una oferta de última hora del Liverpool, Del Piero se transformó en jugador celeste. La llegada del astro italiano revolucionó la ciudad y la liga. De buenas a primeras, el fútbol pasó a estar en las primeras planas de los suplementos deportivos, algo impensado hasta ese momento. Si bien en la A-league ya habían jugado futbolistas de la talla de Robbie Fowler y un menguante Romario, Alessandro Del Piero la puso en el centro de la escena por primera vez en su historia.

Pese a que todavía no habían jugado ni un partido siquiera, la rivalidad entre las dos escuadras de la ciudad ya había comenzado a gestarse. Primero y principal porque al conocerse el arribo del exjugador de la Juventus, el Western Sydney contrarrestó el efecto anunciado la contratación del japonés Shinji Ono, uno de los mejores futbolistas en la historia del continente asiático, pero sobre todo porque en torno al nuevo club se formó una hinchada distinta, mucho más pasional y con claras reminiscencias a los grupos de ultras de Europa del Este o las barras sudamericanas. A diferencia del fanático australiano promedio, mucho más tranquilo y aburrido, los seguidores de los Wanderers —los Red & Black Bloc— son ruidosos, concurren a las gradas encapuchados (en su mayoría) y solían utilizar bengalas de humo hasta que la FFA decidió prohibirlas. Además, se muestran desafiantes ante las autoridades del club, de la liga y hasta las propias fuerzas de seguridad. En un país donde los medios masivos asocian al fútbol con los *hooligans* y la violencia, la irrupción del RBB generó mucha polémica. Pero, y esto es algo de lo que el Sydney FC carecía, el WSW es el primer equipo de la A-league con algo parecido a una filosofía o identidad, muy similar a aquellos cuadros de la vieja National Soccer League que debieron bajar a las categorías estatales cuando colapsó la competición anterior. También hay un componente social en cuanto a por qué el Wanderers rápidamente se transformó en el equipo de fútbol más popular del país. A pesar de estar en la liga desde el día uno, muchos fanáticos oriundos del oeste no se sintieron parte del Sydney FC debido a la imagen un tanto elitista que proyectaba el club. El oeste es donde se concentra la mayor parte de la clase obrera de la ciudad, de los cuales, la mayoría son miembros de las distintas diásporas europeas y sudamericanas. Ya en su primer año de vida, el WSW tuvo 15 000 socios mientras que su rival de ciudad —que ya contaba con dos títulos de liga y un campeonato de Oceanía— apenas si llegó a 10 000.

DOMINIO CELESTE

El primer partido entre ambos equipos se jugó el 20 de octubre de 2012 en el Parramatta Stadium con casi 20 000 personas en las tribunas, la mayoría de ellas hinchas del Western Sydney Wanderers. Pese a que el Sydney FC ganó el encuentro 1-0 con gol de Alessandro Del Piero, a final de temporada las realidades de ambos equipos serían totalmente distintas. En cuanto a la escuadra celeste, a pesar de contar con el astro italiano y algunos integrantes de la generación dorada de la selección australiana que llegó a octavos de final en la Copa del Mundo 2006, los resultados no fueron los esperados. La llegada de Del Piero le planteó al entrenador Ian Crook el problema de tener que adaptar el equipo en torno a su fichaje estrella, algo que no salió para nada bien. En los primeros 14 partidos de la temporada, el Sydney solo ganó cuatro —incluido el primer derby—, empató uno y perdió nueve. Aunque Del Piero terminó la temporada como el máximo artillero del equipo con 14 tantos, los celestes acabaron la temporada regular en el séptimo lugar, quedándose afuera de los *play-off* por el campeonato. En el oeste de Sídney en cambio, el balance fue altamente positivo. Tras un inicio de temporada un tanto irregular, la escuadra entrenada por Tony Popovic tuvo una racha positiva que incluyo diez triunfos de manera consecutiva y finalizó la fase regular como el mejor equipo. Aunque en la Gran Final perdió 2-0 frente al Central Coast Mariners, las voces fueron unánimes en declarar al WSW como el equipo de año. Al campeonato siguiente, los Wanderers volvieron a sorprender a propios y extraños llegando a una nueva final de campeonato, pero otra vez el destino les jugó una mala pasada y el título fue para el Brisbane Roar. A pesar de la derrota, no hubo tiempo para lamentaciones ya que los del oeste de Sídney seguían con vida en la *Champions League* de Asia y tan solo tres días después de la final debieron viajar a Japón para jugar el partido de ida de los cuartos de final ante el Sanfreccer Hiroshima. Golpeados por la derrota en la Gran Final 2014 de la A-league, el WSW sufrió una dura caída 3-1 en tierras niponas y todos ya lo daban por muerto, pero en la vuelta jugada en casa, un 2-0 sobre la hora les permitió seguir con vida. Pese a medirse contra grandes del continente como el Guangzhou Evergrande chino o el FC Seoul de Corea del Sur, el equipo pudo continuar su camino hasta la final donde esperaba el Al-Hilal de Arabia Saudita.

A priori, los australianos no eran favoritos, aun cuando en la ida disputada en casa sacaron una diferencia mínima gracias al tanto de Tomi Juric. El 1 de noviembre de 2014, más de 60 000 fanáticos se dieron cita en el estadio Rey Fahd de Riad para alentar al Al-Hilal y hacer sentir a los Wanderers más visitantes que nunca. Pese a todo, los hombres de Popovic resistieron estoicamente y mantuvieron el arco en cero. De esta manera, el Western Sydney Wanderers conseguía el título más importante en la historia del fútbol *aussie* a nivel clubes. Para el Sydney FC, la temporada 2013/14 fue apenas un poco mejor que la anterior llegando a semifinales de los *play-off* y otra vez con Alessandro Del Piero como su máxima figura. Aun así, el logro continental de su rival de ciudad terminó de empequeñecer lo poco que habían conseguido. A final de campeonato, la noticia de la salida

de su jugador franquicia al fútbol de la India cayó como un baldazo de agua fría para los hinchas.

Sin embargo, este cimbronazo más comercial que deportivo, permitió que el club se ordenara en todos sus niveles. La contratación de Graham Arnold como entrenador y el arribo de buenos futbolistas extranjeros como el serbio Milos Ninkovic y el brasileño Bobo, fueron claves para iniciar una nueva era ganadora en el club. En los últimos cinco años el Sydney FC ha conquistado tres ligas y una FFA Cup, pero además ha impuesto un estilo de juego que persistió pese a la partida de su director técnico al banquillo de los Socceroos.

Y ese dominio también se vio reflejado en los enfrentamientos ante el Western Sydney Wanderers. Entre 2014 y 2019, el equipo celeste apenas si perdió un partido frente a su rival de ciudad, ganando 11 encuentros y apenas empatando cuatro. Aunque en épocas de pandemia, la suerte se inclinó para su rival —el WSW ganó tres de los últimos seis encuentros— Sydney FC domina ampliamente el historial con trece victorias, casi el doble que su rival.

***

El futbol en Australia siempre será el deporte del futuro, entre otras cosas porque quienes lo dirigen siempre terminan cayendo en los mismos errores de antaño. Tras más de una década al frente de la federación, en 2015 Fran Lowy le pasó el mando a su hijo Steve, mano derecha en su emporio empresarial, no sin protestas de los dueños de los clubes que veían como el deporte se transformaba en otro de los activos de la familia Lowy. A partir de ese momento, se inició una especie de guerra civil entre el nuevo presidente y los propietarios que llevó a la FIFA a intervenir y enviar una comisión normalizadora en 2018. Finalmente, con la elección de nuevas autoridades y la independencia de los clubes para decidir sobre el día a día de la competición, todo parecía indicar que la A-league podría alcanzar su máximo potencial, pero lo cierto es que muy atrás habían quedado los días en donde la liga brillaba por tener un astro como

Del Piero. Año a año, los clubes siguieron funcionando a pérdida y esto impactó en la calidad de jugadores que arribaron a la competición. De soñar con ser la próxima Major League Soccer y atraer a futbolistas de la talla de Andrea Pirlo o Zlatan Ibrahimovic, en 2018 la A-league se relamía con la chance de tener a Usain Bolt como jugador del Central Coast Mariners. La necesidad de atención de los medios llevó a la competición a apuntarse en un experimento de lo más ridículo. El punto más bajo ocurrió a principios de febrero de 2020, cuando la pandemia solo pertenecía al plano de la ficción. Debido a que el derbi de Sídney se jugaba a la misma hora que el Abierto de Golf de Victoria, la cadena ABC decidió mover al partido de fútbol de su canal principal a una señal secundaria, un canal para niños. Toda una señal.

CAPÍTULO 5

HB TÓRSHAVN VS B36

EL CLÁSICO MÁS AMISTOSO DEL MUNDO

El 21 de mayo de 2020, cuando la pandemia de Covid-19 golpeaba con fuerza y obligaba al mundo entero a entrar en una inédita pausa, Islas Feroe se transformó en el centro de todas las miradas al ser el primer país en reanudar la actividad futbolística profesional. Con estrictos protocolos que incluían la prohibición de escupir dentro del campo de juego, el fútbol feroés disfrutó, al menos por unos días, de una centralidad inusitada y nosotros nos acostumbramos a leer en los portales deportivos alguna que otra noticia sobre este peculiar país de 50 000 habitantes, en donde hay más de 5 000 jugadores registrados y donde las ovejas superan en número a los seres humanos.

A mitad de camino entre Islandia y el Reino Unido (la ciudad vecina más cercana por fuera de las islas es Aberdeen, en Escocia), difícilmente podamos imaginarnos como es la vida en este archipiélago autónomo perteneciente al Reino de Dinamarca, donde las temperaturas máximas del verano apenas si llegan a los 15º centígrados y donde hay sol desde las 5:30 AM hasta las 21:30 PM. Como si se tratase de un pueblito del interior bonaerense en el que todos se conocen, la vida en la capital, Tórshavn, es el súmmum de la tranquilidad. Prácticamente no existen los problemas que aquejan a otras capitales —no hay embotellamientos, polución y los índices de criminalidad son tan bajos que solo hubo diez asesinatos desde 1967 a esta parte— y uno incluso puede darse una vuelta por el despacho del Primer Ministro, siempre y cuando antes haya tenido la amabilidad de llamar a su secretaria para avisarle de la visita. Como bien dicen los locales ante los miles de turistas que llegan a las islas todos los años, son tan pocos y tienen tanto contacto entre sí que están casi obligados a llevarse bien.

Sabiendo esto, resulta difícil imaginar que algo altere los ánimos de los hombres de la isla pero, además de la preocupante falta de mujeres solteras (hay un déficit de género de 2 000 mujeres y muchos buscan esposas en el sudeste asiático) solo el derbi de Thorshavn entre el HB y el B36 los saca de su habitual tranquilidad. El encuentro entre los dos equipos más importantes de la isla suele ser el más taquillero de la temporada y aunque la buena vibra que rodea al archipiélago también se impregna en esta rivalidad, los hinchas no dejan de tomárselo seriamente.

FÚTBOL EN TIEMPOS DE GUERRA

En estas tierras, el fútbol es uno de los deportes más populares y en gran medida esto se debe a los soldados ingleses. Pese a que el juego fue introducido décadas antes, fue durante los días más agitados de la Segunda Guerra Mundial cuando los locales se hicieron realmente fanáticos. El 9 de abril de 1940, los Nazis lanzaron la Operación Weserübung, un ataque coordinado sobre el Reino de Dinamarca que tenía como fin capturar la capital, Copenhague, algo que consiguieron en apenas unas horas y casi sin derramar sangre (la aviación danesa fue destruida en tierra y solo se registraron veintiún bajas, siendo de nacionalidad alemana solo uno de ellas). Este sería el primer paso para la ocupación de Escandinavia, un territorio que tanto el Nazismo como los Aliados consideraban de vital importancia (Alemania dependía mucho del hierro sueco).

Días después de la invasión alemana en Dinamarca, fuerzas aliadas fueron desplegadas en las Islas Feroe como una manera de resguardar la seguridad de la región. Mientras tanto, barcos pesqueros feroeses partieron rumbo hacia los puertos británicos de Hull, Grimsby y Aberdeen para abastecer de pescado al mercado británico, el cual se vio directamente afectado por la ocupación nazi. En total, 12 000 soldados, casi todos ellos ingleses, se trasladaron a su nuevo destino y revolucionaron la vida de esta pequeña comunidad de isleños. Su presencia fue fundamental para impulsar el desarrollo del fútbol y por este motivo la liga inglesa se transformó en el campeonato más popular entre el pueblo feroés.

Si bien el balompié estaba presente desde principios de siglo, no existía nada parecido a un campeonato. El primer club del territorio fue el TB Tvøroyri —fundado en 1892— y durante años solo se jugaron amistosos y torneos de corta duración, los cuales eran organizados de manera intermitente y en los meses más calurosos de años. Por mucho tiempo, el clima fue uno de los grandes problemas para el fútbol feroés. Recién en 1942 fue que finalmente se pudo disputar el primer torneo de carácter "nacional", el cual en un principio se jugó en forma de eliminatorias para luego adoptar en 1947 el formato de liga. Aunque el Klaksvíkar Ítróttarfelag (KI) fue el primer campeón y gran dominador en los años iníciales de la liga, con los años, el Havnar Bóltfelag o HB se transformó en la potencia futbolística de la isla.

***

El HB fue fundado por varios ciudadanos prominentes de Thórshavn en el año 1904, siendo su primer presidente el futuro alcalde de la ciudad, Mads Andrias Winther. Por este motivo, desde sus inicios fue considerado como un reducto de las clases altas del pueblo y visto con cierto desdén por el resto de los clubes de la región. Esta reputación, que se perpetuó a través de los años gracias a los éxitos deportivos y el hecho de que siempre se llevan los mejores jugadores de los clubes más pequeños, nació a principios de la década del 1930 cuando un grupo de entusiastas jóvenes que querían jugar al fútbol en el HB fueron rechazados. Debido a esto, un muchacho emprendedor de Thórshavn, llamado Niels Ejdesgaard, decidió fundar su propio club en donde cualquiera podría jugar sin importar su condición o su habilidad. El 28 de marzo de 1936 nacía oficialmente el Bóltfelagið 1936 Tórshavn o simplemente B36. Rápidamente, este cuadro se transformaría en el *team* de la clase obrera de la región.

Aunque la rivalidad entre ambos clubes nunca alcanzará el grado de pasión (y locura) que ostenta un Boca–River o un Flamengo–Fluminense, esto no quiere decir que no existieran ácidas disputas entre el B36 y el HB a lo largo de la historia. Inmediatamente después de su fundación, ambos clubes comenzaron a discutir amistosamente (porque en Islas Feroe nadie realmente se pelea) sobre quien tenía los derechos para hacer de local en el Estadio Gundadalur, el recinto deportivo más importante del pueblo. El conflicto fue finalmente resuelto por el alcalde de Thórshavn, quien dictaminó que el estadio sea compartido por ambas escuadras y que cada una de ellas tuviera su propia tribuna y su propio vestidor. Esta solución salomónica se mantiene hasta hoy en día y en los días de derby cada hinchada ocupa su propia tribuna, así como los jugadores se visten en los históricos vestuarios que siempre ocuparon los dos equipos.

UN FÚTBOL DISTINTO

Ahora bien, en cuanto a los resultados deportivos, el HB siempre estuvo por encima de su rival y aunque hoy la brecha se ha achicado considerablemente, sigue siendo el equipo más importante de la isla. Como ya dijimos, al principio el KI —al que podríamos considerar como el tercer cuadro en importancia— era el club que monopolizaba la liga y la copa local, pero a partir de 1955, momento en el que HB consiguió el doblete, la escuadra de las elites comenzó a ganar trofeos con mucha regularidad. En total, el club hoy tiene en sus vitrinas 24 ligas, 28 copas locales, cuatro Supercopas y además ostenta el récord de haber conseguido la Copa de Islas Feroe en cinco años consecutivos (1978–1982). Por el contrario, al B36 le costó bastante retomar la senda ganadora después de un prometedor comienzo. Tras conseguir cinco títulos de liga y una copa entre 1944 y 1962, los Tigres Blancos debieron esperar más de tres décadas para volver a celebrar un título. Para colmo de males, en los años 80 perdieron la categoría dos veces, mientras sus rivales se consolidaron como la potencia de una isla que se aprestaba a debutar en el fútbol europeo. En 1988, Islas Feroe fue aceptada como miembro la FIFA y dos años más tarde la UEFA hizo lo propio, abriéndoles la puerta a los equipos de las islas para jugar en las rondas preliminares de las competiciones del Viejo Continente. Si bien es cierto que mucho había cambiado desde que los partidos se jugaban en canchas de arena, la selección nacional debió hacer de local en Suecia debido a que no contaba con un estadio que cumpliera todos los requerimientos de la UEFA.

El HB fue uno de los primeros cuadros feroeses en debutar en torneos continentales, más precisamente en la Recopa de Europa 1993. Aunque sus participaciones en este tipo de certámenes se limitan a las rondas preliminares (su mejor performance hasta ahora fue en la nueva UEFA Europa Conference League, donde llegó a tercera ronda en 2021), el dinero que percibe solo por participar le permite conseguir los mejores jugadores de las islas. En este último tiempo, el B36 también se hizo un habitué de las competiciones internacionales y por ende recibe sumas que hacen la diferencia con el resto de los equipos y le permite tener cierta soltura económica.

Esto no siempre fue así. Hasta mediados de los años 90, el fútbol en las islas era semiamateur y los jugadores cobraban apenas un puñado de coronas danesas por partido disputado. Cada futbolista estaba obligado a tener un empleo diario del que vivir y lo que es peor: no se firmaban contratos y eso abría la puerta para que, si un muchacho local destacaba por sobre la media, este podía migrar a las ligas principales de Escandinavia sin dejarle ni un duro a su club de base. Eso mismo sucedió con Todi Jónsson y Jakkúp Mikkelsen, estrellas de la selección feroesa que partieron al fútbol de Dinamarca, prácticamente, de manera gratuita.

Ojo, esta situación era aprovechada también por los grandes de la liga como el HB y el B36 los cuales, gracias a sus participaciones en copas europeas, tenían mucho más que ofrecer que sus pequeños rivales. Finalmente, en 1998 se impusieron algunos cambios que permitieron darle al fútbol feroés mayor profesionalidad. Aunque actualmente sigue siendo una competición menor dentro de la UEFA, estas modificaciones han repercutido positivamente y hoy la liga atrae a jugadores de países tan variados como Nigeria, Serbia, España o Gambia.

También la selección nacional se ha transformado. Si bien la mayoría de los jugadores convocados siguen siendo parte de la liga local, algunos de los integrantes del *Landsliðið* juegan en el futbol extranjero, como por ejemplo el defensa del Dundalk irlandés, Sonni Ragnar Nattestad, o el delantero estrella, Jóan Símun Edmundsson, quien tuvo un fugaz paso por el Newcastle United durante su juventud y luego de triunfar en Dinamarca recaló en el Arminia Bielefeld de Alemania. Quizás los antes mencionados no jueguen en equipos de renombre, pero su situación como deportistas en mucho mejor que la de sus predecesores. Tanto Nattestad como Edmundsson son profesionales consumados y se dedican 100 % al fútbol mientras que durante los años 90 y principios del nuevo milenio, sus predecesores en el seleccionado nacional tenían la difícil tarea de compaginar su vida deportiva con su vida laboral. Tal es el caso del exmediocampista Mikkjal Thomassen. Durante 15 años, este futbolista fue uno de los grandes baluartes de la competición local y miembro activo del equipo nacional. Lo curioso es que, cuando no estaba persiguiendo por el campo al alemán Michael Ballack o al inglés Michael Owen, Thomassen era el encargado de poner el orden en la isla como miembro del pequeño escuadrón de policía.

***

Como se dijo anteriormente, el clima en los partidos entre el B36 y el HB suele ser por demás de amistoso. Aunque cada hinchada tiene asignada su propia tribuna donde se sientan los hinchas más pasionales, en el resto de las gradas los fanáticos de ambos equipos departen animadamente sobre las acciones en el campo de juego. Esto no quiere decir que no haya improperios, pero no suelen ser demasiado agresivos. Así y todo, algunos partidos han tenido su condimento especial, como por ejemplo el derbi disputado en 1991. En esa temporada, el B36 lideró durante gran parte del campeonato y a pocas jornadas del final, el cuadro se encaminaba hacia el tan postergado título, pero una aplastante derrota 8-2 frente al HB les descarriló por completo la temporada. A partir de ese momento el B36 solo pudo cosechar un solo punto más y terminó perdiendo el torneo a manos de su archirrival por diferencia de goles. Por años, esta derrota fue considerada por los hinchas como la más dolorosa de su historia y una mancha muy difícil de borrar. Recién en 2006 la afrenta pudo ser vengada con una contundente victoria 6-0 frente al HB que, aunque no definió ningún título (de hecho la escuadra perdedora igualmente salió campeón) tuvo sabor a revancha, en especial porque en el cuadro rival jugó Jakúp a Borg, uno de los jugadores más destacados de la isla y que, hasta el 2003, había sido ídolo indiscutido de B36. Tras una mala experiencia en el fútbol danés, Borg retornó a las islas, pero esta vez para jugar en el Havnar. Este fichaje causó tal desencanto en su exclub que hasta incluso le pidieron que devolviera el smoking que le habían regalado y, al menos por un tiempo, las ventas de su negocio de venta de autos experimentaron una leve baja. Finalmente, en 2008 Jakúp retornó al B36, donde jugó hasta el momento de su retiro como futbolista en 2016.

CAPÍTULO 6

EAST BENGAL VS. MOHUN BAGAN

EL "OLD FIRM" DE CALCUTA

El 27 de octubre de 2020, tan solo un día después de que un mundo cooptado por la pandemia del Covid-19 quedara en shock por la repentina muerte de Diego Armando Maradona, en el estadio Tilak Maidan de la ciudad de Vasco da Gama tuvo lugar una nueva edición del *Boro Match* (Gran Partido) entre el East Bengal y el Mohun Bagan, el clásico más importante del fútbol de la India. En circunstancias normales, este encuentro puede llegar a reunir más de 60 000 aficionados —una cifra para nada despreciable en un país donde el cricket es casi una religión y sus jugadores tienen estatus de estrellas—, pero en esta ocasión las cosas lejos estuvieron de ser normales. Debido a la crisis sanitaria, la temporada de la Indian Super League 2020/21 (ISL), la liga de futbol más importante de la India, debió ser disputada enteramente a puertas cerradas en una burbuja en el estado de Goa. Además, el fallecimiento del astro del fútbol mundial impactó fuerte en esta nación que siempre mostró un cariño desmedido por Pelusa, algo que quedó en evidencia durante su viaje en 2017, cuando Diego disputó un partido benéfico junto al excapitán del seleccionado indio de cricket, Sourav Ganguly. Pese a todo, toda la nación y en particular la ciudad de Calcuta, se mantuvo atenta a las acciones del encuentro.

Este derbi en particular tenía el agregado de ser un partido histórico ya que era la primera vez que ambos cuadros se enfrentaban entre sí compitiendo en el marco de la ISL. Creada a finales de 2013 por la empresa estadounidense de representación deportiva IMG y la cadena televisiva india, Stars Sports, la Indian Super League fue pensada como una especie de versión india de la Major League Soccer, en donde las nuevas franquicias tuvieran entre sus filas a jugadores de renombre. El "pequeño" detalle es que el país ya tenía una competición nacional, la I-league, que estaba activa desde 1996 (hasta ese momento los principales campeonatos eran estatales) y que se negaba a reconocer al nuevo torneo. Debido a esto, en su temporada inaugural en 2014 la ISL fue considerada un torneo de exhibición que se jugó de manera exprés entre los meses de octubre y diciembre de ese año (entre otras cosas, para permitir que las estrellas de la I-league también pudieran ser parte de la ISL). El éxito de este nuevo certamen fue inmediato debido a que los equipos, propiedad de estrellas del cricket y del cine en su mayoría, tenían la capacidad económica para reclutar jugadores de renombre internacional, algo que los viejos clubes de la I-league no podían permitirse. Durante el primer año, la Indian Super League recibió a futbolistas del calibre de Alessandro Del Piero, Robert Pirés, David Trezeguet y Freddie Ljungberg, entre otros. Como dijo el por entonces entrenador del seleccionado de la India, Stephen Constantine, el público seguiría al dinero y los estadios de la ISL registraron elevados números de asistencia. Para la temporada 2015, el promedio de asistentes por partido era de 27 000 espectadores, un número que la I-league solo registraba durante el derbi de Calcuta. La popularidad de esta nueva competencia generó un inédito debate, ya que ambas ligas se consideraban a sí mismas como la primera división de la India y planteaban un problema, tanto para la All India Football Federation como para la Asian Football Confederation. Se plantearon varias soluciones intermedias como la fusión de ambas competiciones o que la I-league pase a ser una especie de segunda división nacional con promoción a la ISL, hasta que finalmente, en 2017, se llegó a un entendimiento que dejó a ambas partes un poco disconformes (lo que significa que fue un buen acuerdo). Ambas ligas se disputarían en paralelo y los cupos para las copas internacionales quedarían de esta manera: el campeón de la I-league accedería a la AFC *Champions League* mientras que el ganador de la Indian Super League se llevaría el ticket para la AFC Cup, el segundo torneo en importancia del continente. También se creó la Federation Cup, un torneo de eliminación directa que reúne a los clubes ambas competiciones.

La ISL —que en sus sucesivas temporadas seguiría fichando estrellas como Diego Forlan, el australiano Tim Cahill o el búlgaro Dimitar Bervatov— siguió siendo el principal foco de atracción para los fanáticos del fútbol en la India. Debido a esto, la competición emprendió un proceso de expansión que incluyó a equipos de la I-league. El primero de ellos fue el Bengaluru, de la provincia de Karnataka. Creado en 2013, esta escuadra compitió durante sus años iníciales en la I-league (ganó el torneo en 2013/14 y 2015/16) hasta que, en 2018, hizo una exitosa transición hacia la ISL donde fue campeón en su primera temporada en la competición. Con este antecedente, solo era cuestión de tiempo para que el derbi más importante del país también se mudara al glamoroso certamen.

Esto finalmente ocurrió a principios de 2020. En el mes de enero se dio a conocer que el grupo dueño del club ATK —el RPSG Group— había comprado el 80 % del Mohun Bagan y fusionaría ambas instituciones en un nuevo club denominado ATK Mohun Bagan, el cual mantendría los históricos colores del Bagan (rojo, verde y blanco) así como su viejo escudo. En los hechos, este fue el tercer cambio de nombre de la institución, que había comenzado a competir bajo la denominación de Atlético de Kolkata, una filial del Atlético de Madrid y que, cuando el cuadro español abandonó el proyecto, abrevió su nombre. Aunque el anuncio de la fusión de ambas instituciones se dio a mitad de la temporada de la Indian Super League y de la I-league, esto no afectó el andar de ninguno de los dos equipos, los cuales se corona-

ron campeones en sus respectivos campeonatos. De esta manera, cuando terminó la temporada, el ATK Mohun Bagan se quedó con lo mejor de ambos planteles.

La transición del East Bengal, en cambio, no fue tan ordenada. Pese a terminar en segundo lugar en la temporada 2019/20 de la I-league, el principal accionista del club anunció su salida del equipo en el mes de julio de 2020, a tan solo unos meses del inicio del nuevo torneo. Esto creaba un problema inesperado para una institución que el 1 de agosto cumplía 100 años de vida y tenía una activa vida social y deportiva por fuera del fútbol. Finalmente, a principios de septiembre se anunció el arribo de un nuevo propietario que no solo se haría cargo de las obligaciones del club sino que además intentaría conseguir un lugar en la ISL, cosa que logró a finales de ese mes. A partir de ese momento, la escuadra tenía poco más de 50 días para designar a un nuevo entrenador y contratar jugadores antes del inicio de la liga, previsto para el 20 de noviembre. El director técnico escogido fue la vieja gloria del Liverpool, Robbie Fowler, quien arribó a la India después de un paso por el Brisbane Roar de la A-league australiana. Estas desprolijidades seguramente influyeron en la temporada del East Bengal que, además de perder el segundo derbi del año por 3-1, finalizó el campeonato en noveno lugar entre 11 equipos.

NO SOLO EL CRICKET IMPORTA

Como se dijo líneas atrás, el cricket es el deporte más popular de la India y es jugado en casi todo el país. Introducido en el subcontinente a principios del siglo XVIII por marineros ingleses de la Compañía Británica de la Indias Orientales —empresa formada en el siglo XVII para contrarrestar el monopolio neerlandés en el comercio de las especias y que llegaría a controlar el 50 % de este lucrativo negocio a nivel mundial—, esta disciplina se popularizó de tal manera en la región que hoy es una industria que genera aproximadamente 5 300 millones de dólares por año. Más dinero que la liga profesional de beisbol de los Estados Unidos. De hecho, este deporte es tan popular en el país que se

estima que 1 000 millones de personas vieron el juego del 2015 disputado entre India y Paquistán (algo así como uno de cada siete habitantes del planeta). Gran parte de este fanatismo se debe a que en el *field*, la selección nacional, que es potencia en la disciplina y ha ganado dos copas del mundo, además de innumerables títulos continentales, ha derrotado al combinado nacional inglés en varias oportunidades. Para una gran parte de los indios, cada victoria ante Inglaterra significa una victoria contra el colonialismo.

La importancia del cricket, sin embargo, no opaca el fanatismo por el fútbol. Es cierto que a nivel económico y de interés entre el público ambas disciplinas no tienen punto de comparación, pero desde siempre el balompié tuvo un gran nivel de aceptación y muchísimos seguidores, sobre todo en el estado de Bengal del Oeste. Y ese número se ha incrementado con el paso de los años. Por ejemplo, en 1977 el Mohun Bagan de Calcuta recibió al New York Cosmos de Pelé, Giorgio Chinaglia y Franz Beckenbauer en un encuentro amistoso que reunió a 75 000 personas en el estadio Eden Gardens y capturó la atención de cientos de millones a lo largo y ancho del subcontinente. El empate 2-2 que rescató la escuadra local en aquella ocasión sigue siendo recordado hoy como uno de los logros más importantes del fútbol de la India y los partícipes de aquella gesta son reverenciados en la comunidad futbolera. De hecho, cuando en 2020 falleció el entrenador de aquel equipo, Pradip Kumar Banerjee, este fue despedido con honores.

A pesar de que la primera liga profesional de carácter nacional fue creada a mediados de los años 90, el enamoramiento de los indios por el fútbol se remonta a la segunda mitad del siglo XIX cuando en 1877, un niño de Calcuta llamado Nagendra Prasad Sarbadhikari presenció un partido entre trabajadores ingleses que tenía lugar a las orillas del rio Ganges. Entusiasmado con el nuevo descubrimiento, Nagendra convenció a varios de sus compañeros del colegio Hare de comprar una pelota de fútbol en una tienda local y así dar rienda suelta a sus ganas de jugar. Lo curiosos es que estos muchachitos se equivocaron y compraron una pelota de rugby, por lo que resultó muy gracioso verlos tratando de controlar la ovalada solo con sus pies. Finalmente, un maestro inglés llamado G.A. Stack proveyó al grupo de un balón apropiado y se transformó en su entrenador, instruyéndolos en los aspectos más básicos del fútbol. El Boys' Club fue el primer club para indios.

Con el paso de los años, Sarbadhikari fue el encargado de popularizar el deporte en la región de Bengal y tuvo participación en la formación de varios clubes de Calcuta. Esto le valió a Nagendra el título honorífico del "padre del fútbol de la India". Durante estos años de aprendizaje, los maestros ingleses dominaban el juego en el subcontinente y los equipos indios eran fácilmente derrotados. De hecho, la Liga de Calcuta —fundada en 1898 y considerada una de las primeras en Asia— estaba conformada exclusivamente por equipos de ciudadanos ingleses y solo permitió el ingreso de equipos indios a partir de 1914.

EL EQUIPO DEL PUEBLO

Eventualmente, el dominio de las escuadras inglesas —conformadas por funcionarios de la corona y empleados de las empresas británicas que rapiñaban los recursos de la región— dejó de ser tal y se hizo cada vez más habitual que los equipos indios les ganaran. Y el Mohun Bagan fue uno de ellos.

Fundado el 15 de agosto de 1889 en la villa al norte de Calcuta, el Mohun Bagan Sporting Club fue creado por intelectuales y propietarios bengalíes pertenecientes a las castas más altas, los cuales apoyaban económicamente al club. Pertenecer al Bagan era un privilegio, pero también una gran responsabilidad. Aquellos jóvenes que aspiraban a ser parte de la institución debían ser alumnos aplicados y rehuir de vicios tales como el alcohol o el tabaco. Ahora bien, esto no quiere decir que solo los miembros de las clases más altas pudieran ser parte del club. La institución estaba abierta también para miembros de las castas intermedias, aquellos que se desempeñaban en su mayoría como empleados de segunda clase en los órganos administrativos del gobierno de la Corona en la India.

El primer gran entrenador de esta escuadra fue Sailen Basú, un militar que también fue secretario de la institución. Gracias a su riguroso entrenamiento importado desde las barracas de su regimiento, el Mohun Bagan se transformó en un animador de los distintos torneos en los que podían participar. En 1904 el club se llevó su primer trofeo, la Cooch Behar Cup, y allí se iniciaría una racha positiva de triunfos que lo llevaría a ganar la Gladstone Cup (1905) y un tricampeonato en la British-instituted Trades Cup (1906, 1907 y 1908). Debido a su buen andar, en 1911 el club fue invitado a disputar la IFA Shield, el torneo más prestigioso de Calcuta y el cual terminaría ganando después de imponerse en la final al regimiento de Yorkshire (además de a otros cuatro equipos ingleses en las rondas previas). Para los bengalíes, el desempeño del Bagan se había transformado en un motivo de orgullo que sobrepasaba lo deportivo.

***

Aunque la presencia europea en la India data del siglo XVI, durante bastante tiempo los franceses, holandeses, portugueses y británicos se limitaron a crear factorías en las costas. El objetivo de estos establecimientos comerciales era obtener las valiosas especias que luego serían comercializadas en occidente. Sin embargo, para el siglo XIX, la Compañía Británica de las Indias Orientales se había convertido en el principal actor de poder en la región, principalmente debido a las rivalidades entre los distintos príncipes indios. Finalmente, en la década de 1870 la administración de la compañía pasó a ser un gobierno directo de la corona británica y la Reina Victoria fue proclamada como la emperatriz de las Indias. El Raj Británico había nacido.

La mitad del continente indio pasó a estar bajo estricto control de Londres mientras que los restantes territorios quedaron bajo el mando de 500 príncipes que eran asesorados por consejeros británicos. Estos nobles, muy ricos y la mayoría musulmanes, se aseguraban de esta manera seguir manteniendo su pequeña cuota de poder, a la vez que se desentendían de cualquier tarea que no fuera disfrutar de sus posesiones y gobernar su parte del territorio. Tanto la defensa del país como la política de relaciones internacionales quedaron en manos del imperio británico.

La India se transformó en la joya más brillante de la corona, pero esto no significó que la suerte de sus habitantes mejorara. Londres trastocó la economía del subcontinente, llevando a la ruina a los artesanos textiles a la vez que también reorganizó la agricultura hacia los cultivos de exportación. Y lo que es peor, con las ganancias que obtenía, la administración colonial financiaba sus campañas militares en Afganistán, Birmania y Malasia. Desde su base de operaciones de la India, la corona británica extendió sus redes por toda Asia y la costa arábiga. A finales de siglo, el imperio logró consolidar un poder sin igual en la región y así contrarrestar el avance de la Rusia zarista. Para garantizar la seguridad de su posesión más preciada, los ingleses no solo crearon protectorados alrededor de la India (Cachemira, Beluchistan y Birmania) sino que se instalaron en el sudeste asiático.

Ahora bien, este imperio tan inmenso donde nunca se ponía el sol necesitaba de miles de burócratas para funcionar. Por este motivo, la Corona impulsó la educación occidental entre los indios para luego incorporarlos en los distintos órganos administrativos de su maquinaria colonialista. Curiosamente, las escuelas y los clubes deportivos como el Mohun Bagan en donde los jóvenes "salvajes" debían aprender a comportarse como fieles súbditos del imperio, fueron el lugar donde se incubarían los primeros nacionalistas, los cuales encontraron fuente de inspiración en la historia europea. En 1885 se creó lo que fue conocido como el Congreso Nacional Indio, un órgano donde los sectores ilustrados locales ofrecían su opinión sobre diversos temas a las autoridades inglesas. Tras el final de la Primera Guerra Mundial, la base de apoyo popular del Congreso se amplió y se radicalizó, planteando ya abiertamente la lucha por la independencia. Fue en esa época en donde la figura de Mohandas K. Gandhi cobró relevancia como un carismático líder de masas. Nacido en 1869 en el seno de una familia de cierto renombre (su padre, Kaba Ghandi, fue Primer Ministro del estado de Porbandar), en los primeros años de la adultez, Mohandas se marchó a Londres para estudiar abogacía. Una vez recibido, viajó con su familia a Sudáfrica donde experimentó en carne propia un *apartheid* que, aunque todavía no institucionalizado, ya estaba presente en la sociedad sudafricana. Fue allí donde abrazó la doctrina de la *satyagraha* o resistencia no violenta para la resolución de conflictos. De vuelta en su hogar, Gandhi encabezó distintas protestas contra la ocupación británica y su movimiento ganó millones de adeptos a lo largo y ancho de subcontinente. En la década del 1930, la segunda campaña de no cooperación que inició con la histórica Marcha de la Sal —Ghandi recorrió a pie 300 kilómetros para desafiar una legislación que obligaba a los indios a pagar un impuesto a la sal— desató una ola de manifestaciones que el imperio reprimió salvajemente, a la vez que llamaba a los independentistas a negociar. Si bien la cuestión de la independencia quedó en *stand-by* durante la Segunda Guerra Mundial —como parte del imperio británico, India le declaró la guerra a las fuerzas del eje y miles de soldados indios combatieron en el frente asiático contra las fuerzas japonesas—, tras el final del conflicto bélico, los movimientos de liberación retomaron su actividad.

En el Reino Unido, un nuevo liderazgo había surgido tras la derrota de Adolf Hitler y el laborista Clement Attlee reemplazó a Winston Churchill como Primer Ministro de Inglaterra. El nuevo líder, un experto en la cuestión hindú, aceleró el proceso de independencia del subcontinente y la creación de dos nuevos estados: India y Pakistán. En 1947, finalmente, las tropas británicas dejaron el gobierno de la región en manos de sus legítimos ocupantes, pero esto no significó un retorno a la tranquilidad. A las disputas limítrofes entre los estados recientemente creados se sumó además los conflictos entre hindúes y musulmanes. Las olas de matanzas religiosas provocaron migraciones masivas cruzadas entre los países en conflictos: mientras que los musulmanes huían a suelo pakistaní, los hindúes y los sijes se refugiaban en la India. En 1948, Ghandi, quien ya era considerado el padre de la nación, marchó a la zona de conflicto para tratar de encontrar una solución. Allí murió asesinado por un fanático hindú.

***

Tras su victoria en la IFA Shield, el Mohun Bagan estuvo varias décadas sin conseguir un trofeo de importancia, pero uno de sus jugadores se transformó en leyenda del fútbol en su país. Durante los años 20, el robusto defensa Gostha Pal, era el ídolo de todos debido a sus actuaciones frente a los equipos ingleses. Aunque no ganó títulos importantes, sus *takcles* contra jugadores físicamente superiores como lo eran los británicos hicieron de él un símbolo de la masculinidad india. De hecho, durante décadas, el buen Pal fue el único futbolista que tuvo su estatua en la ciudad de Calcuta, hasta que en 2017 Diego Armando Maradona también tuvo la suya.

Recién en 1947, año en el que se declaró la independencia de la India, el Mohun Bagan ganó otra vez la IFA Shield, derrotando en la final a East Bengal por 1-0. Tras la independencia, el equipo se transformó en un símbolo de tradición y aristocracia de los residentes de Calcuta más que en un emblema nacionalista. Cuando jugaba el Bagan, no importaban las diferencias sociales ni las disputas ideológicas. Todos estaban alentando en la tribuna. Los años 60 fueron el período más importante del equipo, con Chuni Goswam —considerado por muchos tiempo el futbolista indio más habilidoso de toda la historia— como bandera. Durante esos años, el equipo ganó seis veces la liga de Calcuta, cuatro veces la IFA Shield, cuatro veces la Durand Cup y dos Rovers Cup.

Una particularidad de este equipo es que, al igual que el Athletic de Bilbao español o el Chivas de México, durante años no fichó jugadores extranjeros. Históricamente, los directivos de la institución sentían que si contrataban a un futbolista de otro país, atentaban contra el *ethos* del Bagan. Recién en 1991 el club cambió esta política cuando contrató al delantero nigeriano Chima Okorie, procedente del East Bengal.

LOS OTROS

Incluso antes de la independencia y la partición entre India y Pakistán, la región de Bengala era uno de los puntos más calientes del subcontinente. Los ciudadanos de Calcuta, ubicada al oeste de la región, solían ver de manera despectiva a aquellos que provenían desde el este, a quienes consideraban unos aldeanos incultos y eran objeto de burla constante debido a su acento o sus costumbres. En especial, su desprecio estaba enfocado en los zamindar, una especie de noble de menor rango que gobernaba en las áreas rurales de Bengala. El nacimiento del East Bengal FC fue producto de estos prejuicios.

El 28 de julio de 1920, el Mohun Bagan debía jugar las semifinales de la Copa Cooch Behar ante el Jorabagan, un club menor de la ciudad. Inexplicablemente, el pequeño cuadro del norte de Calcuta no pudo incluir en su XI titular a su principal estrella, Sailesh Bose, aun cuando este no estaba lesionado ni suspendido. Pese a las protestas de los dirigentes del Jorabagan, Bose fue impedido de jugar el partido sin ninguna explicación. El vicepresidente del club, un zamindar llamado Suresh Chandra Chaudhuri, inmediatamente supo lo que estaba pasando: Sailesh Bose era oriundo de la ciudad de Dhaka, ubicada en el extremo este de Bengala.

Asqueado por este acto claro de discriminación, Chandhuri renunció a su puesto como directivo del equipo y fundó el East Bengal junto a otros destacados hombres y deportistas también procedentes de la región oriental bengalí (entre los que se encontraba el propio Bose). Inmediatamente, los habitantes de esa parte de Bengala tomaron al club como propio. Debido a que solo se permitían dos clubes "nativos" en la Liga de Calcuta y esos lugares estaban destinados al Mohun Bagan y Aryans Club, el nuevo equipo debió empezar a competir en la segunda división a partir

de 1921, pero cuando cuatro años más tarde se ganó su derecho a participar en la primera división, los directivos del Bagan se opusieron (infructuosamente) a su ingreso.

Desde el principio, el East Bengal tuvo una hinchada numerosa aunque no muy pasional, pero todo cambió a partir de la partición de Bengala en 1948. Tras la salida de los británicos y la creación de los estados de India y Pakistán, la región fue dividida en dos: Bengala Occidental y Bengala Oriental. Inmediatamente después de esto, comenzó un proceso de migración en el que miles de hindúes se trasladaron desde el este (Pakistán) hacia el oeste (India) mientras que los musulmanes hacían el trayecto inverso. Los primeros en hacerlo eran los más afortunados, aquellos que tenían dinero y conexiones en uno y otro lado y podían asentarse en su nuevo hogar fácilmente, pero faltaba el resto. Millones de hindúes, la mayoría perteneciente a las castas inferiores, huyeron de las matanzas religiosas que tenían lugar en Pakistán y se relocalizaron en Bengala occidental, principalmente en la ciudad de Calcuta y sus adyacencias. Estas olas migratorias produjeron una crisis económica y social. Los refugiados esperaban que sus hermanos hindúes de Calcuta los recibieran con los brazos abiertos, pero nada de eso sucedió. Los locales se sentían amenazados por sus nuevos vecinos y mantenían una prudencial distancia. El aumento de la población hizo que se redujeran las posibilidades laborales y de ingresos a las universidades o colegios secundarios y los refugiados pasaron de incómodos invitados a indeseables invasores. Fue en estos años en los que East Bengal se volvió en un equipo verdaderamente popular. El club se transformó en una parte importante de la identidad de aquellos que trataban de encontrar un nuevo hogar en un terreno que les era, por demás, hostil. El nombre del equipo evocaba los recuerdos de aquella tierra que debieron dejar atrás.

Esta metamorfosis del East Bengal en un equipo de masas estuvo apoyada también en resultados deportivos. Hasta 1948, Mohun Bagan y Mohammedan Sporting eran los equipos más dominantes de la liga de Calcuta, pero todo cambiaría a partir de la llegada de varios futbolistas que habían sido parte del equipo olímpico indio en los Juegos Olímpicos de Londres 1948. La línea ofensiva de ese equipo estaba compuesta por Ahmed Khan, Appa Rao, P. Venkatesh, P.B.A. Saleh y K. P. Dhahraj, la cual fue bautizada por los los hinchas como los Pancha Pandavas y durante cinco años ganaron nada menos que 16 títulos —entre los que se cuentan seis ligas de Calcuta y cuatro IFA Shields— y marcaron nada menos que 386 goles.

<u>MÁS QUE UN CLÁSICO</u>

Desde sus inicios, la rivalidad entre Mohun Bagan y East Bengal tuvo muchos condimentos extrafutbolísticos. Recordemos que en 1925, el Bagan se opuso con firmeza al ingreso del Bengal en la primera división de Calcuta y es por esto que, en el primer *match* disputado el 25 de mayo de 1925, los chispazos entre uno y otro equipo ya se hacían sentir. En esta ocasión, el ganador fue el East Bengal que se impuso 1-0 gracias al tanto de N. Chakravarty.

Aunque hubo períodos en la historia en que clubes de otras regiones tuvieron mejores resultados, los dos grandes equipos de Calcuta han sido los más destacados en el fútbol de la India (al menos hasta la creación de la Indian Super League). La gran cantidad de seguidores que tanto uno como otro ostentan, les permitió tener acceso a más y mejores contratos de publicidad, por lo que parte de su dominio futbolístico se basó en la mayor cantidad de recursos disponibles. En la actualidad, además de jugar en la Indian Super League, ambos clubes siguen presentado equipos en la liga de Calcuta, competición en la que han dominado desde siempre (en total suman 69 títulos en esta competición) y cuando el fútbol de la India se nacionalizó a mediados de los años 90, también hicieron sentir su poderío. East Bengal conquistó tres ligas nacionales a principios del nuevo milenio, además de la ASEAN Club Championship 2003, un torneo internacional que reunió a los mejores equipos del Sudeste Asiático. Por su parte, el Bagan ganó la liga nacional en cinco oportunidades y, aunque no se cuen-

tan propiamente en su historial, cuando se fusionó con el ATK, lo hizo con un equipo que había ganado la ISL en tres oportunidades.

Los enfrentamientos entre los dos más grandes de Calcuta siempre fueron muy importantes para sus respectivas directivas. Como sucede en cualquier parte del mundo, ganar el clásico es casi tan importante como ganar un trofeo. En 1958, se enfrentaron en las semifinales de la Durand Cup y tras un empate 0-0 en la ida, todas las miradas estaban puestas en la vuelta que se jugaría el 28 de diciembre. En el segundo encuentro, el Mohun Bagan se fue al entretiempo ganando 2-1 y todo hacía parecer que se quedarían con el boleto hacia la final. En el vestuario del East Bengal todo era desazón hasta que los directivos del club reunieron a los jugadores y les pidieron entre lágrimas y de rodillas que dieran vuelta el resultado para que el orgullo de los *Bangal* (los bengalíes del este) no fuera mancillado. Segundos antes de que volvieran al campo de juego, los dirigentes del club organizaron una plegaria colectiva en el vestidor. Ya sea por ayuda divina o por puro orgullo, el Bengal dio vuelta el partido y terminó ganando la llave por 3-2. Lamentablemente para ellos, se quedaron sin energías esta tarde y terminaron perdiendo la final contra el Hyderabad City Police.

Misma situación ocurrió en la semifinal de la Rovers Cup 1960, con el East Bengal otra vez eliminando a su rival y perdiendo la final, esta vez contra Andhra Police. Recién en 1993, el Bagan pudo vengar estas afrentas al imponerse en la final de la Scissors Cup por 2-1, pero los bengalíes del este tendrían su revancha en 2007, cuando derrotaron a sus rivales 3-2 en la semifinal de la Federations Cup de ese año. A diferencia de las ocasiones anteriores, esta vez pudieron ganar el partido definitorio (2-1 contra el Mahindra United) y alzarse con el título.

Desde los días de la I-league, y principalmente con la aparición de la Indian Super League, el interés nacional por el fútbol ha ido en aumento, pero esto no fue siempre así y por mucho tiempo solo los partidos de la liga de Calcuta despertaban cierto interés, llegando a tener mayor repercusión que los partidos que disputaba la selección nacional. Cada vez que se juega el derbi, la ciudad se divide en dos y se alteran todas las costumbres. Los días previos al encuentro, en Calcuta no se habla de otra cosa que el partido y hasta incluso la dieta de los hinchas se altera. Por tradición, después de los clásicos los fanáticos de uno y otro club celebran comiendo determinadas comidas si su equipo ha salido victorioso. En el caso de los hinchas del Mohun Bagan, los triunfos se festejan comiendo *chingri* (langostinos) mientras que los del Bengal lo hacen con un banquete de sardinas. Eso sí, en los días previos al partido los hinchas tienen prohibido comer esos platos como una manera de no ahuyentar la buena suerte. Esta peculiar costumbre hace que después de los partidos, los precios de estos alimentos aumenten de manera descontrolada dependiendo de si uno u otro equipo se llevó los tres puntos.

Ahora bien, la pasión que despiertan estos clubes en la gente muchas veces se acerca a la insensatez. En 1975, un hincha del Mohun Bagan de tan solo 25 años llamado Umakanta Paloudhi se quitó la vida después de que su equipo perdiera 5-0 el derbi. Cualquiera podría pensar que este muchacho utilizó la derrota de su cuadro como una mera excusa para tomar la determinación, pero Paloudhi no dejó lugar a segundas interpretaciones en su nota de suicidio: "Deseo vengar esta derrota en mi próxima vida retornando como un mejor jugador del Mohun Bagan". Esta no fue la única víctima fatal del encuentro ya que, como si se tratase de un cuento de Roberto Fontanarrosa, un fan del East Bengal falleció en el estadio después de que su equipo anotara el cuarto gol. Dos años más tarde, y después de otra derrota del Mohun Bagan, un simpatizante decidió ahogar sus penas tomando pesticida. Como vemos, el amor por el fútbol en Calcuta va más allá de lo normal.

Las disputas entre estos clubes se juegan en diferentes arenas y el mercado de fichajes es una de las más importantes. A medida que el dinero y el interés aumentaban, East Bengal y Mohun Bagan comenzaron a competir entre ellos para ver quien se quedaba con los mejores jugadores.

De hecho, circulan muchas historias sobre futbolistas que eran escondidos/secuestrados durante algunas horas para evitar que el club rival apareciera con una oferta de última hora e hiciera peligrar algún fichaje. Una de las disputas más extravagantes ocurrió a mediados de los años 80, cuando el East Bengal le birló al Bagan un habilidoso mediocampista llamado Sudip Chatterjee. Cuenta la leyenda que el bueno de Sudip estaba enamorado de una chica, pero los padres de la muchacha les impedían estar juntos porque estos eran fieles seguidores del Bengal y nunca permitirían que su hija estuviera con un futbolista de Mohun Bagan. En ese momento, los directivos del equipo bengalí se acercaron al atribulado enamorado y le hicieron una oferta que no pudo rechazar: el presidente del East Bengal se comprometía a interceder en favor suyo frente a la familia de la joven, siempre y cuando Chatterjee se uniera al club. Una vez que Sudip fichó para el Bengal, los progenitores de la chica le dieron su aprobación a la joven pareja.

Pese a ser un partido que atraía multitudes, durante los años 80 y principios de los 90, la efervescencia bajó entre el público debido a los reiterados hechos de violencia que ocurrían en cada juego. De hecho, el 16 de agosto de 1980 tuvo lugar en el Eden Gardens Stadium una de las tragedias más terribles del fútbol indio. Esa tarde, 70 000 espectadores llenaron las gradas por sobre la capacidad permitida y los enfrentamientos previos entre una y otra hinchada hacían presagiar que sería una jornada complicada en muchos aspectos. Por esos días, en los estadios no se dividían por sectores y los fanáticos de uno y otro club se sentaban demasiado cerca los unos de los otros. Solo era cuestión de tiempo para que los enfrentamientos, que ocurrían casi siempre en las adyacencias al estadio, se trasladasen a las tribunas con un saldo fatal. Los incidentes comenzaron durante la segunda parte cuando, en el calor de las acciones del *match*, hinchas de uno y otro club comenzaron a agredirse en la tribuna Ranji. El efecto fue una estampida de gente que abarrotó los accesos y produjo la muerte de 16 personas. Mientras tanto, en el campo de juego el partido se siguió jugando debido a que, tanto el árbitro como los futbolistas, no tenían noción de la gravedad de la situación. El encuentro terminó 1-1. Días más tarde, las autoridades determinaron que la temporada de la Premier League de Calcuta quedaba suspendida y que para el año entrante, se tomarían medidas para garantizar la seguridad de los espectadores. Demasiado tarde.

Recién a mediados de los años 90 el clásico de Calcuta volvió a tener los niveles de fanatismo y concurrencias que eran habituales antes de la tragedia de Eden Gardens y en esto tuvo que ver mucho la rivalidad de dos entrenadores: P.K. Banerjee, entrenador del East Bengal, y Amal Dutta, entrenador del Mohun Bagan. Como si se tratase de un *remake* de la pelea de Don Revie y Brian Clough hecha en Bollywood, Dutta y Banerjee solían tirarse dardos en los medios de prensa. El punto más álgido del enfrentamiento ocurrió previo a la semifinal de la Federations Cup 1997 donde los equipos más grandes de Calcuta volvieron a verse las caras. Durante la semana previa al encuentro, Dutta fue particularmente ofensivo con Banerjee y su delantero estrella, Bhaichung Bhutia, a quien acusó de tener más prensa que talento. El astuto Banerjee no contestó los agravios, pero lo que sí hizo fue invitar a cenar a Bhutia la jornada antes del partido. Ya en el restaurante, el entrenador del Bengal pasó toda la comida enseñándole a su jugador las declaraciones del *head coach* rival. Al día siguiente, un motivado Bhaichung lideró a su equipo en una goleada histórica 4-1 sobre el Bagan, anotando nada menos que tres goles. Este partido en particular fue lo que relanzó la rivalidad entre ambos clubes.

Como era de esperarse, con la llegada de las transmisiones satelitales, el interés por el fútbol europeo en general y la Premier League en particular aumentó en los últimos años, pero esto no quiere decir que el fenómeno haya disminuido la base de fanáticos de estos dos equipos. A diferencia de que lo que sucede en excolonias británicas como Australia, donde los futboleros se identifican más con los clubes de la Premier que con aquellos de la A-league, la fi-

delidad de los hinchas sigue estando puesta en estos equipos. Cuando el Bengal ganó la ASEAN Club Championship en 2003, decenas de miles de hinchas fueron al aeropuerto a recibir a sus héroes. Igual escena se vivió en 2015 cuando el Bagan conquistó la Federations Cup de ese año y 30 000 aficionados fueron a darle la bienvenida al equipo bajo una lluvia torrencial. Como dijo un entrenador del Mohun Bagan, nadie es neutral en la ciudad cuando se trata del derbi de Calcuta. Todos tienen un favorito.

CAPÍTULO 7

AL-AHLY VS. ZAMALEK

LOS GUARDIANES DE LA REVOLUCIÓN

Hace tiempo, la revista inglesa *FourFourTwo* hizo la lista de los 50 derbis más importantes del mundo, y el clásico egipcio entre el Al-Ahly y el Zamalek quedó en el décimo lugar, muy por encima de algunos partidos importantes del fútbol europeo y sudamericano. Aunque por estas latitudes esta histórica rivalidad no sea demasiado conocida, en el continente africano es sin dudas el *match* más importante de todos —entre los dos clubes suman 15 *Champions Leagues* africanas—, e incluso es seguido con suma atención en los países del Medio Oriente. Como suele suceder, en este partido hay mucho más que fútbol y desde sus comienzos ha sido atravesado por la política nacional egipcia.

En total, se jugaron 241 ediciones del derbi del Cairo y en la mayoría de ellas hay una historia para contar, pero sin lugar a dudas, el más importante de todos ocurrió el 27 de noviembre de 2020 cuando estos equipos se midieron en la final de la Champions africana. A priori, este partido ya resultaba extraordinario debido a que era la primera vez que dos clubes de un mismo país (y una misma ciudad) se encontraban en esta instancia. Para colmo, la pandemia de Covid-19 hacía estragos en el continente, alterando el normal desarrollo del certamen.

Debido a la explosión de casos por toda África, las semifinales de la copa debieron ser pospuestas varios meses y recién se pudieron disputar para finales de octubre y principios de noviembre. A esa instancia no solo habían llegado los dos clubes más grandes de Egipto, sino también los equipos más importantes de Marruecos, Rajá Casablanca y Wydad Casablanca, los cuales fueron superados con contundencia por sus respectivos rivales (Al-Ahly se impuso ante el Wydad por un global de 5-1 y el Zamalek hizo lo propio ante el Raja por 4-1). Una vez que la final egipcia en el torneo continental fue confirmada, la FIFA no dudó en llamarlo "el partido del siglo".

Pese a que debía jugarse sin público debido a las restricciones impuestas por la pandemia, la expectativa por el encuentro no se vio alterada en lo más mínimo, entre otras cosas, porque los egipcios ya estaban acostumbrados a jugar en esas condiciones. Durante los últimos años, la mayoría de los partidos de fútbol en Egipto se han disputado sin hinchas en las tribunas, como consecuencia directa de los graves incidentes ocurridos en el estadio de Port Said el 1 de febrero de 2012. En esa jornada fatídica, 74 fanáticos del Al-Ahly perdieron la vida tras una emboscada que llevaron a cabo los hinchas del equipo local Al Masry (y que contó con la complicidad de las fuerzas de seguridad).

En los días previos a la final no se hablaba de otra cosa en la ciudad de El Cairo y los más de 8 millones de habitantes que pululan en esta urbe donde conviven rascacielos modernos con los restos de antiguas civilizaciones estaban atentos a cada noticia que se publicaba con respecto a los equipos. Los más preocupados eran los hinchas del Al-Ahly que debían afrontar esta final sin la presencia de Walid Soliman, un habilidoso mediocampista que había llegado al club en 2011 y que con los años se ganó el corazón de todos. Soliman era uno de los tres jugadores infectados con Covid y por esta razón debió quedarse en su casa aislado mientras sus compañeros disputaban el partido más importante de la historia del club.

Como es usual antes de un encuentro de semejante magnitud, las frases cruzadas y los "dardos envenenados" también tuvieron su espacio en la previa. El más ácido de todos fue Mortada Mansour, polémico presidente del Zamalek, que es conocido en todo Egipto por sus incendiarias declaraciones y la facilidad con la que despide entrenadores (durante los siete años que estuvo al mando, el club tuvo 26 cambios de director técnico). Semanas antes del partido, se conoció la noticia de que el Comité Olímpico Egipcio suspendía a Mansour y ponía en marcha los mecanismos legales para destituirlo de su cargo. Pese a esto, el presidente del Zamalek desconoció la decisión y siguió conduciéndose como de costumbre hasta que días antes de la final, el comité intimó a la Confederación Africana de Fútbol para prohibirle estar presente en la final continental. Mansour no dudó en señalar que esta decisión tenía una clara intencionalidad de favorecer a sus rivales, algo que según él, ya había sucedido el año anterior durante la final de la Supercopa de Egipto que ambos clubes disputaron en Abu Dhabi (el Ahly ganó en esa oportunidad).

Finalmente, el día tan esperado llegó. Por espacio de dos horas la ciudad de El Cairo (y Egipto) entró en un estado de trance y las calles quedaron totalmente vacías. Pese al Covid-19, la gente se juntó frente a pantallas gigantes instaladas en las plazas, los centros comerciales o donde hubiera un televisor que transmitiera el partido. Eso sí, no se mezclaron. Aquellos que esperaban un *match* disputado y sin muchas emociones se llevaron una grata sorpresa cuando, a los seis minutos de juego, El Solia puso de cabeza el 1-0 para el Al-Ahly. Después de unos minutos en donde sintió el golpe, Zamalek comenzó a merodear el arco defendido por Mohamed El Shenawy hasta que, promediando la media hora de partido, el capitán Shikabala dejó en el camino a tres rivales y consiguió el empate con un golazo memorable. Pese a que ambos equipos contaron con sendas chances para ponerse arriba en el marcador, la igualdad persistió hasta cinco minutos antes del final del tiempo reglamentario. En el minuto 85, Mohamed Magdy controló un mal rechazo de la defensa del Zamalek y fusiló al portero Abou Gabal con un disparo que le dio al Al-Ahly su novena *Champions League* de África y desató la locura en las calles de la ciudad. Una marea roja comenzó a recorrer las principales arterias de la ciudad gritando, haciendo sonar los bombos o simplemente tocando las bocinas de los ciclomotores. Entre los más congratulados por los hinchas rojos estaba el entrenador sudafricano Pitso Mosimane. De una vasta experiencia en el fútbol de su país (que incluía un histórico título continental en 2016 dirigiendo al Mamelodi Sundowns), Mosimane había llegado al club apenas unos meses antes y los directivos le habían dado un solo e innegociable mandato: ganar la *Champions League* tras varios años de sequía. En menos de nueve meses, el director técnico sudafricano cumplió con creces la tarea, ganando además la Supercopa Africana, la liga y la Copa de Egipto.

Como era de esperarse, los seguidores del Zamalek no tenían consuelo y el más ofuscado de todos era Mortada Mansour, que no solo se negó a felicitar a los ganadores sino que denunció que el árbitro designado para la final había sido cambiado misteriosamente días antes y que el VAR había funcionado mal de manera muy conveniente. Esta no era la primera vez que Mansour se inventaba excusas y decía que le habían robado una final de Champions. En 2016, Zamalek perdió la copa contra el Mamelodi de Mosimane y el presidente acusó a los jugadores sudafricanos de hacer brujerías.

Pese a que Mortada ya no es más presidente del club, este tipo de chicanas insólitas siguen siendo la norma. En 2021, Al-Ahly volvió a repetir el título continental tras derrotar en la final al Kaizer Chiefs de Sudáfrica y la directiva del Zamalek protagonizó un pase de comedia propio de un niño pequeño. Primero felicitaron a sus rivales en sus redes sociales por la obtención de su décima *Champions League* de África y dos horas más tarde emitieron un comunicado arrepintiéndose de haberlo hecho.

NO SOLO SE TRATA DE FÚTBOL

Fundado en 1907 por un abogado anticolonialista llamado Omar Lofty, el Al-Ahly —cuyo nombre se traduce como "El Nacional"—, surgió para darle a los jóvenes egipcios una institución que pudieran sentir como propia. Hasta ese entonces, todos los clubes del país eran reductos reservados solo para los extranjeros y los locales tenían prohibida la entrada. Al igual que su nombre, la elección del color de su uniforme no fue azarosa ya que roja era la bandera egipcia durante la era precolonial. Como era de esperarse, en un tiempo en donde los movimientos independentistas comenzaron a ganar fuerzas dentro de las universidades, el Al-Ahly se transformó en el equipo de los nacionalistas egipcios que deseaban terminar con el dominio británico. De hecho, en la primera asamblea del club fue elegido como presidente honorario Saad Zaghloul, un eminente político que tras la Primera Guerra Mundial crearía el partido independentista, Wafd.

Pero no todos deseaban el fin del protectorado británico en el país. En 1911, los sectores más acomodados de El Cairo fundaron en la Isla de Gezira (la zona más exclusiva de la ciudad) el King Faruq Club, institución que años más tarde sería renombrado como Zamalek y que desde siempre recibió el señorial apodo de "Los Caballeros Blancos". Aunque el club estaba abierto a todo el mundo sin importar su origen, lo cierto es que la mayoría de sus socios pertenecían a la clase alta de la ciudad y entre los miembros de su primera comisión directiva se encontraba el arqueólogo Howard Carter, famoso por ser uno de los descubridores de la tumba del rey Tutankamon en 1922. / La idea era disputarle el poder a los nacionalistas en todos los sectores, no solo en la arena política. En los años 20, las revueltas civiles llevaron al Imperio Británico a otorgarle a Egipto una suerte de independencia tutelada, en donde las fuerzas militares y el cuerpo de funcionarios de Su Majestad seguirían estando presentes y ocupando puestos claves. Aun así, el partido Wafd redactó la primera constitución, estableciendo un sistema parlamentario y en 1924 el nacionalista Zaghloul se transformó en Primer Ministro, el primero elegido por la voluntad popular. Los británicos por su parte, instauraron a Ahmad Fu'ad Pasha como nuevo soberano. Hijo de Ismail Pachá, virrey de Egipto durante los años en los que la región estuvo contralada por el Imperio Otomano, el nuevo rey —que sería conocido como Fuad I- mantuvo una relación tensa con el partido Wafd y evitó tener colaboradores de esa formación política en su gabinete. Las diferencias entre la monarquía impuesta por los británicos y los representantes políticos elegidos por el pueblo se profundizaron cuando ascendió al trono su sucesor, el Rey Faruq. Pese a esto, sectores nacionalistas liderados por el islamita Hasan al-Banna, consideraban que la agrupación política era demasiado moderada en los aspectos referidos a la modernización del estado, por lo que en la década del 30 decidieron formar Yami'at al-Ijwan al-Muslimin (los Hermanos Musulmanes). A partir de ese momento, coexistieron dentro del movimiento independentista dos visiones de lo que debería ser el Egipto libre: una secular adoptada por las instituciones militares y una conservadora impulsada por los sectores religiosos.

Ambos grupos tenían fuerte presencia dentro de Al-Ahly, un club que se había vuelto popular no solo por su fuerte componente político sino también por sus logros deportivos. El compromiso del equipo con la causa independentista trascendía las fronteras y en 1943, durante los días más duros de la Segunda Guerra Mundial, el Al-Ahly fue invitado a jugar un partido en la región de Palestina, en un torneo realizado en apoyo a la causa independentista. Pese a la resistencia de las autoridades británicas instaladas en ambos países, el equipo viajó y lo que debía ser una breve visita de tres días para disputar un partido se extendió por tres semanas. Apenas unos días después de retornar, Al-Ahly debía enfrentar al King Faruq FC (futuro Zamalek), pero el cuadro fue sancionado por orden del Rey con una suspensión de diez meses. Los hinchas convocaron una protesta frente al palacio real, cantando consignas contra el monarca, el imperialismo británico y la federación nacional y la sanción fue removida.

En 1948 comenzó a disputarse de manera oficial la primera división egipcia con 11 equipos procedentes de las zonas de El Cairo, Alejandría y el Canal de Suez, entre los que se encontraban Al-Ahly y el King Faruq. Para los fanáticos del cuadro nacionalista, el inicio de esta etapa no podría haber sido mejor ya que ganaron los primeros nueve campeonatos de manera consecutiva, pero también vieron realizados el sueño de vivir en una patria libre y soberana. A principios de los años 50, el rey Faruq fue destituido por una asonada militar liderada por Gamal Abdel Nasser y Anwar el-Sadat. Nasser, veterano de la guerra egipcio-israelí de 1948, integraba el movimiento clandestino de Oficiales Libres que pretendían derrocar a Faruq y llevar adelante un proceso de modernización del estado. Aunque en un principio se establecieron contactos con los Hermanos Musulmanes, pronto los militares concluyeron que la agenda conservadora y religiosa de la hermandad no se ajustaba a las necesidades de un país cada vez más empobrecido y que debía padecer el desgobierno a una realeza impuesta por las potencias occidentales. Una vez que el *coup d'etat* fue concretado y se garantizó su acceso a la presidencia de la nueva república, Abdel Nasser impulsó la modernización económica y aunque era anticomunista, no dudó un segundo en requerir asistencia de la Unión Soviética. Este giro y su protagonismo dentro del Movimiento de Países No Alineados lo transformaron en un enemigo para Occidente y en un héroe para Egipto y el resto de los pueblos árabes. Esta imagen de antiimperialista se reforzó en 1956 cuando, tras la negativa del Banco Mundial a otorgar un préstamo, Nasser nacionalizó el Canal de Suez para financiar al estado. De esta manera Egipto desafiaba a Gran Bretaña, pero también a Francia (Egipto había prestado asistencia a los revolucionarios argelinos) y a Israel. Aunque estas tres naciones acordaron un ataque conjunto, Estados Unidos y la URSS por igual vetaron la acción y esto marcó el inicio del ocaso británico en la región. Como no podía ser de otra manera,

Gamal Abdel Nasser fue nombrado presidente honorífico del Al-Ahly.

***

En los años 60, la liga nacional se consolidó al calor del movimiento *nasserista* y tanto el Al-Ahly como el Zamalek en menor medida (el nombre King Faruq FC había desaparecido tras el golpe de 1952) se transformaron en las potencias dominantes del país. Ahora bien, este estatus dentro de la competición local provocaba resquemores entre los equipos más pequeños, como sucedió en 1962 cuando los seguidores del Ismailiya, un club de la región del canal de Suez, protestaron por la venta al Al-Ahly de su máxima figura, Rida Sika. Tal fue el nivel de enojo que incluso amenazaron con prender fuego la casa del futbolista hasta que finalmente Sika retornó a su equipo de origen.

La animosidad futbolística era solo una faceta de algo más complejo. La creación de un nuevo estado egipcio y el crecimiento desmedido de la ciudad de El Cairo, pusieron de manifiesto tensiones regionales previamente existentes. A medida que la capital se expandía, esta absorbía los limitados recursos naturales de las regiones más pequeñas. Lo sucedido con Rida Sika no fue casualidad. La historia distintiva de la región del canal de Suez, su sentido de autonomía y su identidad única estaban presentes cada vez que algunos de los equipos de esta región (Port Said e Ismailiya) debían jugar contra las potencias capitalinas. Esta visión antagónica se alimentó durante los años posteriores a la Guerra de los Seis Días, el intercambio bélico entre una coalición de estados árabes e Israel. Pese a que fue un conflicto de corta duración, sus consecuencias se hicieron sentir por mucho tiempo y una de las principales fue el éxodo masivo de ciudadanos que dejaron la región del Suez y se trasladaron a El Cairo, produciendo un aumento del desempleo y la pobreza. Para el fútbol, esta mini guerra también traería consecuencias, ya que entre 1967 y 1971, toda actividad de la primera división fue suspendida. Como veremos más adelante, esta no fue la primera ni la última vez que ocurriría algo así.

MÁS DE UN MOTIVO PARA PELEAR

En lo estrictamente deportivo, la rivalidad entre Al-Ahly y Zamalek nunca fue pareja y el cuadro de la monarquía siempre corrió detrás del equipo de los nacionalistas. Desde 1948, año en el que comenzó a disputarse la liga, hasta el día de hoy El Nacional ha conquistado 42 ligas, mientras que los Caballeros Blancos debieron conformarse con solo 13 campeonatos egipcios. En Sudamérica o Europa, ganar la competencia continental tiene mayor importancia que conseguir el título local, el cual suele ser llamado de cabotaje cuando el que lo gana es el acérrimo rival; sin embargo, en Egipto la situación es diametralmente opuesta. No es que la *Champions League* de África no tenga valor —Al-Ahly ganó la copa diez veces y Zamalek cinco—, pero a la hora de hacer el balance del año, lo más importante es siempre quedarse con la liga y el clásico.

El dominio e injerencia del cuadro rojo es tal que cuando la federación egipcia les pidió en la temporada 1954/55 que jugaran un partido fuera de su estadio y estos se negaron a seguir compitiendo, a la asociación no le quedó otra alternativa que suspender el certamen. Debido a esta disparidad, la disputa entre estos dos equipos se transformó más en un evento político que en una justa futbolística, en donde los gestos tenían igual importancia que los goles. Cuando el Al-Ahly estableció su casa permanente en la señorial Isla de Zamalek, sus archirrivales lo sintieron como una "mojada de oreja".

Las gradas eran la arena en donde los bandos dirimían sus diferencias ideológicas y el fútbol era solo una mera excusa para arrojarse piedras los unos a los otros. En 1966, la situación se hizo prácticamente insostenible para las autoridades cuando una disputa entre hinchas terminó con 300 heridos, un número no determinado de fallecidos y el ejército invadiendo el campo de juego. Pero los choques no se daban solo en las tribunas.

Ambas directivas se recelaban entre sí y muchas veces competían por fichajes solo para que el rival no los consiga. Dada esta situación, en 1958 los clubes realizaron un pacto de caballeros para prevenir cualquier disputa en torno a la contratación de un jugador determinado, pero, como sabemos, los acuerdos muchas veces no se cumplen. Todo comenzó cuando Al-Ahly posó sus ojos sobre Lamie Abdelsamie, poderoso delantero centro del Mansoura SC que ya era goleador del certamen sin siquiera haber cumplido los 21 años. Hincha fanático del cuadro nacionalista, Lamie estaba ante la oportunidad de concretar el sueño de su infancia y todos daban por descontado que las negociaciones llegarían a buen puerto, pero el presidente del Zamalek tenía otros planes. Enterados de que el *crack* del momento estaba muy cerca de fichar con su clásico rival, Mohamed Hassan Helmy se dirigió en persona a las oficinas del Mansoura ofreciendo el doble de lo que había ofrecido el Al-Ahly. Para su sorpresa, el club dueño de la ficha de Abdelsamie lo dejaba partir sin cargo a sabiendas del fanatismo del muchacho por el equipo rojo, por lo que el siguiente paso del presidente del Zamalek fue pedir la intervención de Talaat Khairy, Ministro de Deportes de Egipto. El funcionario, devoto hincha del club de las clases altas de El Cairo, fue directamente a ver al jugador y le ofreció un cheque en blanco, pero Lamie se mantuvo firme en su posición y aseguró que, de no poder jugar en el Al-Ahly, prefería quedarse en su club de origen. Ante la negativa del futbolista, el Zamalek no tuvo otra alternativa que retirarse de la negociación.

Este tipo de situaciones no solo se repitieron a lo largo de los años sino que hubo casos en donde ambos clubes anunciaron la contratación de un mismo futbolista, como sucedió en 2014 cuando el Al-Ahly comunicó a los medios la llegada de Moamen Zakaria, que había estado a préstamo la temporada anterior en el Zamalek. Instantes después del anuncio, Mortada Manosur anuncio en TV nacional la continuidad de Zakaria en el antiguo equipo de la monarquía. Por horas, los directivos del cuadro nacionalista intentaron comunicarse con el jugador, pero su móvil estaba apagado y su paradero era desconocido. Finalmente, a la noche pudieron dar con él y concretar la transferencia. Se cree que durante esas horas de incertidumbre, su agente negociaba un acuerdo de última hora con el Zamalek, pero las partes no llegaron a un entendimiento.

***

Aunque las viejas tensiones fueron mermando con el paso del tiempo, la rivalidad nunca perdió intensidad. Aquellos que añoraban a la monarquía y el colonialismo británico pasaron su amor por el Zamalek a sus hijos y nietos, pero estos ya no detestaban a sus rivales por cuestiones políticas, sino solo por mandato familiar. Es más, a mediados de los años 70 comenzó a hacerse más común que en las familias hubiese hinchas de ambos clubes, algo impensado hasta ese momento. Mucho tuvo que ver el hecho de que, para los estándares de Medio Oriente, Egipto era un país occidentalizado y con una sociedad no tan estructurada. Además, más allá de la Guerra de los Seis Días y el frente de oposición interno, la nación de los faraones gozó de algo parecido a la estabilidad política durante el gobierno de Nasser, aunque sus críticos, tanto liberales como religiosos musulmanes, no dudaron en llamarlo dictador. Tras su muerte en 1970 y la llegada de Anwar el-Sadat a la presidencia, Egipto relajó su retórica antioccidente, intentó abrirse económicamente hacia otros socios e incluso inició negociaciones con el estado de Israel para otorgarle reconocimiento —bajo ciertas condiciones— y llevar estabilidad a la región (esto último sería una de las principales causas por las que Sadat fue asesinado en 1981 en un atentado perpetrado durante un desfile militar).

Durante esos años, hubo partidos memorables por cuestiones estrictamente deportivas como la final de Copa de Egipto de 1978 donde el Al-Ahly ganó por 4-2 (dio vuelta el encuentro y convirtió tres goles en los últimos 15 minutos), pero también por otro tipo de situaciones mucho más polémicas. En la temporada 1982/83, el *match* entre los dos gigantes de Egipto terminó en empate a cero, pero solo después de que el árbitro Mohamed Hossam El-Dein anulara un gol válido a Zamalek en el último minuto de juego. Como era de esperarse, la decisión encendió aún más los ya caldeados ánimos y se desataron incidentes dentro y fuera del estadio. Los hinchas blancos protestaron porque les habían robado una victoria que, a una semana del final de la liga, los hubiera depositado en el primer lugar junto a sus odiados rivales. En la fecha siguiente, Zamalek perdió su partido 2-1 y el Al-Ahly se coronó campeón.

Este tipo de situaciones se repetirían bastante seguido. Ante cada resultado negativo en el clásico, las hinchadas de uno y otro equipo se lanzaban acusaciones sobre supuestos sobornos arbitrales o injerencias de las más altas esferas. También se hizo usual que, ante una decisión desfavorable, los jugadores de la escuadra perjudicada se retiraran del campo de juego y diesen por terminado el *match*. Eso mismo sucedió en 1996 cuando el réferi Kadry Azeem no anuló un gol del Al-Ahly que los jugadores del Zamalek consideraban ilegal y estos últimos se fueron al vestuario en señal de protesta.

Por esta razón, la federación egipcia comenzó a reclutar árbitros internacionales para así terminar con cualquier tipo de suspicacias, pero esto no era suficiente. En 1998, un referí francés no tuvo la mejor idea que expulsar a un futbolista del Zamalek en los primeros minutos del partido y otra vez la escuadra blanca decidió abandonar el *match*. Cansados de esta situación que amenazaba con volverse una costumbre, la federación impuso al Zamalek una dura pena para desestimar cualquier nuevo abandono (deducción de nueve puntos y una suspensión para el entrenador y varios jugadores).

Solo un puñado de árbitros han logrado salir con su reputación indemne después de arbitrar este derbi y uno de ellos fue el escocés Hugh Dallas. Con amplia experiencia en el fútbol europeo y sindicado en su momento como el mejor referí de Gran Bretaña, Dallas logró el milagro de dejar conforme a ambas hinchadas. Tan bien desempeñó su tarea en 2001 que fue nuevamente convocado para arbitrar el encuentro tiempo más tarde. Cuando se retiró, el escocés hizo un repaso de su carrera y dejó una definición categórica sobre estos partidos: "He arbitrado 14 o 15 partidos Old Firm (el clásico entre el Rangers y el Celtic) y ninguno de ellos se acerca al Derbi del Cairo".

HÉROES, VILLANOS Y TRAIDORES

Casualmente, el primer encuentro que le tocó arbitrar a Hugh Dallas fue uno de los más polémicos en la historia de esta rivalidad. Ese fue el primer derbi en el que los gemelos Hossam e Ibrahim Hassan defendieron los colores del Zamalek, después de haber sido grandes ídolos del Al-Ahly. Nacidos en Helwan —un pequeño pueblo en las afueras del El Cairo— en 1966, los hermanos Hassan debutaron en el equipo nacionalista en 1984 y a partir de allí se ganaron el corazón de los hinchas rojos, pero también del resto de los hinchas de su país. Desde que irrumpieron en el seleccionado nacional —primero Hossam y más tarde su hermano— ambos se transformaron en habituales convocados y fueron parte del plantel egipcio que participó en la Copa del Mundo Italia 1990, donde Los Faraones consiguieron dos históricos empates (frente a Países Bajos e Irlanda, respectivamente) y perdieron apenas 1-0 ante la Inglaterra de Bobby Robson. Hossam fue un delantero letal, de gran talento y portento físico, que marcó 76 goles y es considerado como uno de los mejores jugadores de la historia del país, mientras que el menos dotado Ibrahim desempeñó toda su carrera jugando como un fiero defensa central. Durante los años 90, los Hassan fueron la cara visible del equipo nacional y los jugadores más respetados dentro del vestuario.

Sus destinos siempre estuvieron enlazados y a cada equipo que iba uno, el otro lo seguía. Cuando Hossam fichó por el PAOK de Grecia en 1990, Ibrahim estuvo con el cuidándole las espaldas y lo mismo sucedió en el Neuchatel Xamax de Suiza. Si bien su paso por Europa no fue prolífico (apenas estuvieron dos temporadas), a su retorno a Egipto fueron recibidos como verdaderas estrellas y su vieja casa les abrió las puertas como solo se las abre a los hijos pródigos. Entre sus dos ciclos como futbolistas del Al-Ahly, los hermanos Hassan conquistaron 11 ligas, cuatro Copas de Egipto, cuatro Recopas Africanas, una *Champions League* de África, una Copa Árabe de Clubes, una Recopa Árabe, dos Super Copas Árabes y una Copa Afro-Asiática. Con un palmarés tan prolífico, los hermanos tenían un lugar asegurado en el panteón de los ídolos del cuadro nacionalista, pero como suele suceder en muchas historias de amor, la traición estaba a la vuelta de la esquina.

Todo comenzó en 1999 cuando la directiva del Al-Ahly les ofreció a los hermanos renovar su contrato por solo un año. La idea era que ambos se retiraran en el club al año siguiente, pero tanto Ibrahim como Hossam pretendían seguir en actividad. Al ver que el club al que tanto le habían dado no deseaba continuar el vínculo más allá de 12 meses, los gemelos decidieron partir hacia el fútbol de Emiratos Árabes Unidos, más precisamente al Al-Ain. Allí solo estuvieron un puñado de partidos y a los pocos meses los medios deportivos de Egipto lanzaron la bomba: los hermanos Hassan eran nuevos futbolistas del Zamalek. Como era de esperarse, la mitad roja de El Cairo se sintió totalmente traicionada por los jugadores. Es cierto que no era la primera vez que un futbolista cambiaba de vereda, pero lo que sucedió después sobrepasó todo lo conocido hasta el momento. Los hermanos comenzaron a recibir amenazas de muerte y su nuevo club se vio obligado a ponerles guardaespaldas para protegerlos.

En los cafés, en las oficinas, en los puestos de diarios, en las escuelas y en las universidades no se hablaba de otra cosa. Mientras que los hinchas del Zamalek estaban extasiados con sus nuevas adquisiciones —aun cuando Hossam ya no era el mismo de antes y el iracundo Ibrahim no era garantía de buen comportamiento—, los fanáticos del Al-Ahly hablaban en los peores términos contra aquellos que hasta hacía nada habían sido sus máximos ídolos. Como lo describió un apesadumbrado forofo: "Irse al Zamalek es como vender La Esfinge".

En su primer derbi como jugadores de Los Caballeros Blancos, los hermanos Hassan fueron el blanco de todos los insultos por parte de la hinchada rival, pero eso no impidió que Hossam tuviera una tarde soñada y marcara dos de los goles con los que su equipo derrotó al Al-Ahly por 3-1. Sin embargo, al clásico siguiente las cosas serían totalmente distintas. El 16 de mayo de 2002, el cuadro rojo propinó al Zamalek una de las peores derrotas de su historia, goleándolo por 6-1. Esta tarde, Khaled Bebo fue el héroe de la jornada anotando un *hat-trick* (los otros goles fueron obra de Mohamed Farouk, Ibrahim Saed y Reda Shehata) mientras que Hossam Hassan apenas si pudo marcar el tanto del descuento para su escuadra y, tras el pitazo final, terminó lanzándole sus zapatos a la hinchada del Al-Ahly, uno de los peores insultos en esa parte del mundo.

Pese a estar en la curva descendente de sus carreras, los hermanos Hassan se las arreglaron para ganar varios títulos con el Zamalek, entre los que se cuentan tres ligas y una *Champions League* de África. En 2004, y con 38 años de edad, los gemelos sorprendieron a todos nuevamente y se fueron a un nuevo club, el Al-Masry, a cambio de 150 000 dólares por temporada. Pese a que eran adorados por los hinchas, las disputas con la dirigencia y los entrenadores de turno hicieron imposible su continuidad.

***

Distinto es el caso de Mohamed Aboutrika, conocido como "el asesino sonriente" por su capacidad goleadora y su eterna sonrisa dentro del campo de juego. Este hábil mediocampista es sin dudas el ídolo máximo del Al-Ahly y uno de los mejores jugadores surgidos en la tierra de los faraones. Nacido y criado en las áridas calles de la ciudad de Giza en el año 1978, su infancia transcurrió pateando un balón en los callejones atestados de turistas extranjeros que regateaban el precio de chucherías supuestamente pertenecientes a épocas antiguas (y que con toda seguridad habían sido fabricadas en Taiwán). Hábil con la pelota y líder nato, Mohamed inició su carrera como futbolista a mediados de los años 90 en el Tersana, un equipo de su ciudad que por ese entonces militaba en la segunda división. Pese a su juventud, el muchacho rápidamente se ganó un lugar en el XI inicial gracias a su talento natural, pero también a su apasionada forma de jugar. Si dentro del campo Aboutrika hacía exhibición de ese famoso "ojo de tigre" que separa a las leyendas de los jugadores normales, fuera del mismo era el ejemplo de lo que debía ser un líder, aun cuando no tuviera la edad suficiente para ejercer ese rol dentro del vestuario. Cierta vez, el entrenador del Tersana, Hasan El Shazli, le indicó a los directivos del club que debían aumentarle el contrato a su joven estrella, ya que este había tenido un gran desempeño durante toda la temporada. Cuando la información llegó a oídos del futbolista, este rechazó el ofrecimiento bajo la premisa que un compañero suyo había tenido también grandes actuaciones y que se merecía un aumento. Aboutrika zanjó la discusión pidiendo que el incremento salarial fuese para ambos o no sería para nadie.

Sus actuaciones en el Tersana llamaron la atención de muchos clubes de la primera división y cuando su equipo consiguió el ascenso quedó claro que solo había dos destinos posibles para el jugador: Al-Ahly o Zamalek. Ambos se lo disputaron durante la mitad de la temporada 2003/04 —incluso el jugador del Zamalek y compañero suyo en la selección, Temer Abdelhamid, había intentado convencerlo de fichar para los Caballeros Blancos—, pero fue finalmente el cuadro nacionalista el que se quedaría con los servicios de un futbolista que marcaría el inicio de una época dorada en el club.

Por ese entonces, el Al-Ahly atravesaba una inédita racha de varios años sin títulos de liga y, aunque siempre se encontraba con chances en el torneo y en la Champions africana, sus más recientes fracasos todavía eran visibles en el espejo retrovisor. El aporte de El Saher (El Mágico) fue vital para torcer el destino y llevar a su equipo a conquistar el campeonato local y el trofeo continental en la temporada 2004/05, pero tan solo un preludio de lo que vendría.

Con él como jugador emblema, el Al-Ahly se transformó en una escuadra que ya no jugaba contra los rivales de turno, sino contra su propia estadística (llegaron a estar 55 partidos sin conocer la derrota). Pero si en esos años *Trika* ejercía como director de orquesta y primer violín, sus acompañantes tampoco desentonaban. Junto a los delanteros Mohamed Barakat y Emad Moteab, conformó el famoso "Triángulo de las Bermudas", uno de los mejores tridentes de ataque en la historia reciente del fútbol africano.

Pese a debutar en su selección en 2001, recién cuando llegó al Al-Ahly pudo tener continuidad en la escuadra nacional y una vez que se metió en el XI titular jamás salió. Con Los Faraones, Mohamed Aboutrika conquistó la Copa Africana de Naciones (CAF) dos veces de forma consecutiva —2006 y 2008—, siendo determinante en cada uno de estos logros. Además, fue parte del equipo sub-23 que concurrió a los Juegos Olímpicos de Londres 2012. Por todo esto, El Saher se transformó en un ídolo que trascendió los colores y se ganó el respeto y cariño de todos por igual, incluso de los hinchas del Zamalek.

Reconocido de forma unánime en su continente (fue elegido el Mejor Jugador Africano del 2008 por la BBC) y elevado a la categoría de leyenda en su país, resulta extraño que *Trika* nunca haya tenido una chance en el fútbol europeo. Aunque durante mucho tiempo se especuló con esta posibilidad —José Mourinho estuvo cerca de ficharlo cuando era entrenador del Chelsea de Inglaterra—, jugar en el Viejo Continente nunca fue una ambición para este futbolista egipcio, sino más bien todo lo contrario. La explicación era que este deseaba estar cerca de los suyos, de aquellos que lo hacían feliz, pero también había una toma de posición filosófica en torno a esta decisión. En 2020, cuando ya llevaba varios años fuera del campo de juego, no tuvo reparos en criticar a la mayoría de los hinchas africanos que apoyaban a equipos de Europa: "Los africanos a veces se pelean por clubes europeos, pero en Europa ni siquiera se preocupan por el fútbol de nuestro continente. No saben cómo se llaman nuestros equipos, pero nosotros si los conocemos todos. Europa usa a los jugadores africanos en su beneficio y luego los desecha. Nuestros jugadores son abusados racialmente casi a diario y si reaccionan son amonestados y expulsados. Yo no sigo ninguna liga europea o equipo. La única *Champions League* que miro es la nuestra, la africana".

Aboutrika no era solo un ídolo futbolístico. Era también un líder social. Cuando alcanzó notoriedad como jugador del Al-Ahly, este fue consecuente con la historia de su club y abrazó causas populares como la lucha palestina en la Franja de Gaza (en la CAN 2008 celebró su gol contra Sudan mostrando una camiseta con la inscripción "Simpaticen por Gaza"). Y cuando los ecos de la Primavera Árabe llegaron a Egipto y las masas salieron a la calle, el futbolista también estuvo presente.

Este movimiento, que comenzó a finales de 2010 con la inmolación de un vendedor ambulante en la ciudad tunecina de Sidi Bouzid y que rápidamente se extendió al resto del mundo árabe, tenía como fin no solo protestar contra dictadores y gobernantes autocráticos sino reclamar justicia social, libertad y dignidad. La alta tasa de desempleo y la pobreza reinante en los sectores populares de países como Egipto, Siria, Yemen o Túnez contrastaba con la opulencia en la que vivían sus gobernantes. Además, en todas estas naciones la libertad política era apenas un enunciado.

En el Cairo, las olas de protestas comenzaron a finales de enero de 2011 y, aparte de las reivindicaciones antes mencionadas, los manifestantes pedían por la renuncia inmediata del presidente Hosni Mubarak, quien había sucedido en el cargo a Anwar el- Sadat tras su asesinato en 1981 (el también resultó herido en el ataque). Jefe de la Fuerza Aérea durante la guerra de Yom Kippur (1973), lo primero que hizo Mubarak ni bien llegó al poder fue imponer el estado excepción, otorgándole amplios poderes a las fuerzas de seguridad y maniatando a la prensa. También creó un sistema judicial paralelo, el cual permitió que decenas de miles de personas fueran recluidas, casi siempre sin cargo ni juicio previo, en las condiciones más terribles. A través de los órganos estatales —en especial del temido Departamento de Investigaciones de la Seguridad del Estado— los disidentes fueron acallados, muchos de ellos detenidos y torturados. De esta manera fue que Mubarak consiguió mantenerse en el poder durante tanto tiempo , realizando simulacros electorales donde él era el único candidato (en 2005 recién se llevaron a cabo los primeros comicios multipartidistas de su régimen).

Durante un mes, las protestas se sucedieron a lo largo y a lo ancho del país, pero su epicentro fue la plaza Tahrir, en el centro de la ciudad de El Cairo. Aboutrika era uno de los miles de manifestantes que concurrían a los rezos populares que se organizaban en la plaza antes y después de las demostraciones y su presencia galvanizaba al movimiento, le daba credibilidad. Como se había vuelto costumbre, la represión estatal fue brutal, pero la resistencia de los manifestantes fue inquebrantable. Por espacio de 18 días, las fuerzas represivas de Mubarak (y miles de simpatizantes de su régimen) chocaron con los ciudadanos que pedían un cambio radical en Egipto. En total, más de 6 000 personas resultaron heridas y hubo más de 800 muertos hasta que finalmente, el viernes 11 de febrero de 2011, Hosni Mubarak abandonó el poder de manera definitiva.

La violencia, sin embargo, no se detuvo tras el cambio de figuras. Los partidarios del régimen depuesto —que también eran millones— todavía controlaban muchos de los organismos estatales y paraestatales y la figura de su líder seguía teniendo peso. Cuando este fue llevado a juicio por cargos de corrupción y la violenta represión durante las protestas que terminaron con su gobierno, los leales a Mubarak salieron a las calles. Ante un clima de tanta inestabilidad política, en cada esquina de la ciudad podía estallar la chispa de un enfrentamiento y los canchas de fútbol no eran la excepción. El 1 de febrero de 2012, a casi un año de la caída del régimen de Mubarak, Egipto vivió una de sus noches más negras cuando en el estadio Port Said, 74 hinchas del Al-Ahly fueron asesinados por los ultras de Al-Masry, club vinculado históricamente con el tirano depuesto.

La invasión ocurrió segundos después del pitazo final, pero desde minutos antes de que iniciara el juego ya se sabía que algo iba a pasar. El *match* debió ser atrasado varios minutos porque los hinchas del Al-Masry ya estaban dentro del campo de juego, algo que se repitió en cada uno de los tres goles de su equipo. Cuando terminó el encuentro, los focos se apagaron automáticamente y los fanáticos locales saltaron la cancha armados con botellas rotas, cadenas y cuchillos. Los jugadores de ambos equipos fueron los primeros en advertir la masacre que se avecinaba y corrieron hacia los vestuarios del decrépito estadio. Días antes, distintas publicaciones de Facebook anticipaban el baño de sangre, pero fueron tomados como las típicas amenazas vacías que sueltan los hinchas en redes sociales. Grave error. Con los accesos bloqueados, los seguidores del Al-Ahly no tuvieron escapatoria y fueron ejecutados ante la atenta y cómplice mirada de las fuerzas policiales. Los que no murieron apuñalados, fueron aplastados por una marea de camisetas rojas que intentaba escapar de la locura. Varios simpatizantes consiguieron ingresar al vestuario de su equipo. Uno de ellos era un muchacho de 14 años que estaba muy malherido y murió en los brazos del Mohamed Aboutrika. Sus últimas palabras fueron: "Estoy muy contento de conocerte, *Trika*".

Todo el plantel del Al-Ahly terminó muy consternado por la situación vivida, pero Aboutrika fue el más golpeado de todos. Tanto es así que horas después de los incidentes, anunció su retiro del fútbol, aunque finalmente reconsideraría esa decisión. Lo que sí hizo fue visitar a cada una de las familias de las víctimas de Port Said, algo que reafirmó su posición como un símbolo social.

La tragedia sucedida llevó a que la temporada de la liga egipcia fuese suspendida y que el gobierno de transición —presidido por el Jefe del Supremo Consejo de las Fuerzas Armadas, Mohamed Hussein Tantawi— llamase a una reunión de emergencia en el parlamento e iniciara una investigación en tiempo record para calmar los ánimos.

Pese a que el torneo local no se siguió jugando, el Al-Ahly todavía estaba con vida en la *Champions League* de África y la selección Egipto debía participar en los Juegos Olímpicos de Londres 2012. En la cita Olímpica, Aboutrika fue uno de los tres jugadores mayores que integró el seleccionado (junto a Ahmed Fathy y Emad Motaeb) y tuvo una gran actuación como ladero de una joven estrella en ascenso llamada Mo Salah, pero el broche de oro de su carrera lo tuvo en el Al-Ahly. El sus dos últimos años como profesional en el conjunto rojo, *Trika* ganó dos ediciones consecutivas de la Champions africana (2012 y 2013), siendo clave en ambas conquistas y hasta se dio el lujo de campeonar con el Baniyas de Emiratos Árabes Unidos, equipo al que fue a préstamo cuando el fútbol egipcio estaba suspendido. Lamentablemente para él, el epílogo de su carrera como jugador marcaría el principio de sus días como perseguido político.

Meses después de la Tragedia de Port Said, se realizaron en Egipto las primeras elecciones presidenciales sin la presencia de Hosni Mubarak. Mohamed Aboutrika fue uno de los primeros famosos en apoyar públicamente a Mohamed Morsi, candidato del islamita Partido Libertad y Justicia (brazo político de la Hermandad Musulmana), quien a la postre sería elegido como el nuevo mandatario. Este apoyo tuvo su costo. En un país totalmente dividido, el gobierno de Morsi apenas duró un suspiro y para mediados de 2013, los militares habían vuelto al poder, esta vez con el general Abdel Fattah el-Sisi a la cabeza. En la nueva narrativa oficial, lo sucedido en la revolución del 2011 fue el inicio de todos los males y quienes participaron en las protestas eran considerados criminales. Como era de esperarse, aquellas personalidades que brindaron su apoyo a la revolución del 2011 y a Morsi comenzaron a ser señalados por las autoridades como conspiradores. El gobierno militar presidido por el-Sisi —quien recibió el apoyo público del depuesto Hosni Mubarak— comenzó a "investigar" los negocios que Aboutrika tenía a su nombre y concluyó que su pequeña agencia de turismo (un emprendimiento del que solo poseía una parte) era utilizado como tapadera para financiar

al terrorismo. Cuando todas sus cuentas fueron congeladas por el régimen, el jugador desafió a las autoridades declarando que no se iría del país y que continuaría trabajando para su bienestar.

Recibió un apoyo unánime de los hinchas egipcios, así como también de prominentes personalidades de la política árabe y jugadores como Mo Salah o Mohamed Elneny. En Twitter, el hashtag *"#ISupportAbouTrika"* (Yo apoyo a Aboutrika) fue tendencia nacional durante varios días. El 10 de noviembre de 2013, las casi 40 000 personas congregadas en el estadio Osman Ahmed Osman de El Cairo sabían que esa noche sería inolvidable. En esa jornada, Al-Ahly no solo definiría la *Champions League* 2013 ante el Orlando Pirates sudafricano (en la ida había sido empate 1-1) sino que ya era un secreto a voces que ese sería el último partido de Mohamed Aboutrika como jugador profesional. Ni bien pisó el césped, el jugador al que la prensa europea apodó el "Zidane Egipcio" recibió una atronadora ovación que se repitió a lo largo de todo el partido y que tuvo su momento más eufórico cuando *Trika* marcó el primero de los dos goles que convirtió su equipo ese día. Cuando el referí hizo sonar el silbato y marcó el final del encuentro, los jugadores del Al-Ahly corrieron a abrazarlo, pero él se fue a la tribuna para fundirse con su hinchada. En total, Mohamed Aboutrika ganó 23 títulos con la escuadra roja, incluyendo siete ligas de Egipto y cinco *Champions League* de África, pero lo que le dio a los hinchas del Al-Ahly trasciende los trofeos. Pudo haber tenido dinero y fama en Europa, pero prefirió la lealtad a los suyos. La tribu lo hizo su rey, pero no solo por los logros deportivos, sino porque lo sabían uno de ellos.

LOS ULTRAS

La tragedia de Port Said cambió el panorama del fútbol egipcio radicalmente. La liga fue suspendida por dos años de manera consecutiva (la segunda en la temporada siguiente a la matanza y fue por el golpe militar del general el-Sisi) y cuando la pelota volvió a rodar se encontró con que los hinchas ya no podían ingresar en los estadios por prohibición del gobierno *de facto*. Aunque la medida apuntaba principalmente a los Ultras del Al-Ahly y del Zamalek, todos los clubes que tuvieran una base de fanáticos (para muchos la fuente de su subsistencia) sufrieron las consecuencias. Ahora bien, algunos equipos como el Entag o el El-Gaish apenas si sintieron los efectos de esta polémica normativa y la razón es simple: estos clubes carecen de hinchas. Pertenecientes al Ministerio de la Producción y al Ministerio de Defensa respectivamente, estas escuadras son financiadas por el estado y no despiertan el amor de ninguno de los ciudadanos de El Cairo. El ascenso de estos "equipos fantasmas" se debió al éxito que cosechó el Arab Contractors en los años 70 y en los 80. Conocido por ser el equipo donde se formaron Mo Salah y Mohamed El Neny, el Contractors fue creado por una compañía en 1973 y diez años más tarde ya había conseguido su primer título de liga, además de dos trofeos continentales.

Ahora bien ¿Por qué prohibirles a los hinchas del Al-Ahly ingresar a los estadios si fueron ellos mismos en carne propia los que sufrieron el ataque en Port Said? Es que esta hinchada —en cooperación con otras, pero principalmente con la de Zamalek— fue una de las responsables de que el régimen de Mubarak llegara a su fin en febrero de 2011. Durante las marchas, los Ultras fueron quienes protegieron a los manifestantes pacíficos de los ataques del aparato represor del gobierno. Acostumbrados a los roces con las autoridades, fueron ellos la fuerza de choque del movimiento revolucionario.

En un país que vivía tan solo un simulacro de democracia —en diciembre de 2010 el Partido Demócrata Nacional de Mubarak ganó casi todos los asientos del parlamento y dejó sin la posibilidad de competir al brazo político de la Hermandad Musulmana— y donde el desempleo, la brutalidad policíaca y la pobreza estaban a la orden del día, estos grupos de reciente formación ofrecían una válvula de escape para una juventud cada vez más ahogada por su entorno. El primero de ellos fue el Ultras Ahlawy o UA07, que se formó en 2007 y pertenecía al Al-Ahly y tiempo más tarde el fenómeno se extendió por todo el país. Cuenta la leyenda que quien inició todo esto fue un estudiante egipcio llamado Assad que realizaba una maestría en la Universidad de Bologna en Italia. Fascinado con el fenómeno de las hinchadas italianas, el joven se propuso importar esta cultura de fanáticos con el fin de darle un poco más de color al fútbol local. Para las autoridades del régimen, este tipo de organización (y cualquiera en donde participaran jóvenes con iniciativa) representaba una amenaza. La postura del poder fue tratar a estos grupos como posibles conatos de subversión contra el estado. De esta manera, los enfrentamientos entre los bandos se hicieron cada vez más frecuentes. Las detenciones al azar, las requisas, los golpes y las torturas en las estaciones policiales eran una forma de intentar frenar el fenómeno, pero el efecto era totalmente opuesto. Para 2010 había en Egipto 12 grupos reconocidos de Ultras, cuyos miembros pertenecían en su gran mayoría a las clases bajas.

Aunque declaraban ser solo hinchas organizados, con el paso del tiempo este movimiento se hizo políticamente activo. En un principio, sus reivindicaciones eran más generales y apuntaban, por ejemplo, a la situación en la Franja de Gaza, pero con las fuerzas de seguridad vigilándolos de cerca, comenzó a ponerse el foco en la situación doméstica. Además, se generó un vínculo de solidaridad entre los fanáticos de distintos clubes, a sabiendas de que compartían un enemigo en común.

El asesinato de Khaled Saeed en junio de 2010 fue el episodio que encendió la mecha de la revolución. Este hombre de 28 años fue muerto a golpes por la policía de Alejandría bajo sospecha de ser un propagandista político. Las fotos de su rostro desfigurado por los golpes se filtraron en distintas redes sociales, generando indignación en toda la población, pero sobre todo en los adolescentes y en los jóvenes adultos. A su vez, la versión oficial de que había muerto asfixiado por tragarse un paquete entero de marihuana para evitar que lo detengan, fue el insulto final. En los meses siguientes, las protestas contra el régimen de Mubarak fueron en aumento así como también las detenciones ilegales y los casos de violencia institucional.

Aunque en un principio los grupos Ultras se mostraron ambivalentes al humor social de gran parte del país y hasta negaban en sus redes sociales cualquier tipo de participación en actividades políticas, la realidad los obligaba a tomar partido. Como la gran mayoría de los egipcios, ellos también experimentaban las penurias de vivir bajo el régimen de Hosni Mubarak y, aun cuando no lo hicieran públicamente, se preparaban para un enfrentamiento que se sabía inevitable. Dos días antes de que estallara la revolución y los manifestantes ocuparan la Plaza Tahrir, las fuerzas policiales apalearon a los hinchas del Al-Ahly por haber llevado banderas de su grupo a un partido de la liga local, algo que estaba prohibido desde hacía mucho tiempo.

Ya el 25 de enero, el primer día de las protestas que culminaron con la caída de Mubarak, miembros del grupo de Ultras del Al-Ahly cayeron muertos en los enfrentamientos con la policía de Alejandría y la ciudad de Suez. Tres días más tarde, en una jornada que fue bautizada como el "Viernes de Furia", los Ultras de varios equipos fueron los encargados de coordinar acciones antes, durante y después de los incidentes. Lo mismo sucedió días más tarde en lo que fue conocido como "La Batalla de los Camellos", cuando simpatizantes de Mubarak arremetieron contra los manifestantes montando dromedarios y caballos. En ese ataque murieron 11 personas.

Tras la caída de Mubarak, el prestigio de estos grupos creció en la sociedad y muchos jóvenes comenzaron a verse atraídos. No en vano se decía por esos días que los Ultras eran la segunda organización política en importancia detrás de la Hermanos Musulmanes. Si bien el dictador había sido eyectado del poder, la estructura que lo cobijó y le permitió mantenerse durante tres décadas seguía en pie. Por esta razón, el gobierno militar de transición no menguó en su brutalidad durante todo 2011. Al tope de la lista de enemigos públicos estaban los Ultras, y en especial los del Al-Ahly. El asesinato de un destacado miembro en diciembre de ese año a manos de las fuerzas de seguridad fue apenas un preludio de lo que ocurriría poco tiempo más tarde en Port Said. Esta masacre no fue casual ni respondió solo a una enemistad futbolística. La ciudad era uno de los bastiones históricos de Mubarak y en Egipto las recientes elecciones parlamentarias —donde el partido de Mohamed Morsi consiguió una aplastante victoria— habían dejado los ánimos muy caldeados. Para muchos, el ataque de los hinchas del Al-Masry (que contaron con la complicidad de las fuerzas de seguridad) fue el solo el primer paso de un movimiento contrarrevolucionario liderado por los sectores cercanos al antiguo régimen.

La caída del presidente Morsi en 2013 y la llegada al poder del general Abdel Fattah el-Sisi marcó el principio del fin para los Ultras. A partir de ese momento la presión y persecución del aparato estatal se hizo insoportable, aun cuando los partidos de la liga local se jugaban a puertas cerradas. El nuevo gobierno *de facto* quería arrancar de raíz cualquier conato de resistencia que pudiera existir y se centró especialmente en estos grupos cuyos integrantes, en su mayoría, también eran partidarios de la Hermandad Musulmana. Las detenciones sin cargos y las golpizas comenzaron a ser cosa de todos los días, pero el tiro del final llegó en 2015 cuando los grupos Ultras fueron prohibidos por la justicia.

Todo comenzó en el mes de febrero cuando los hinchas fueron admitidos nuevamente en los estadios en una especie de prueba piloto, pero las cosas salieron terriblemente mal. Mientras los fanáticos del Zamalek ingresaban a un recinto sobrevendido, algunos intentaron colarse y la policía comenzó a disparar gases lacrimógenos contra la multitud. Inmediatamente se generó una estampida de gente y 20 personas murieron aplastadas. Con la tragedia de Port Said todavía fresca en la memoria colectiva, el gobierno *de facto* utilizó este incidente para su arremetida final contra los Ultras. La prohibición de estos grupos llegó unos meses después y hasta incluso se intentó declararlos organizaciones terroristas, aunque esto último fue desestimado por los jueces. Esta polémica decisión le dio un marco legal a las detenciones arbitrarias que venían sucediendo desde hacía ya un tiempo y puso en una encrucijada a los líderes de las agrupaciones como la del Al-Ahly: seguir sus actividades —aun cuando no podían concurrir a los estadios— o bien desarmar todo y así tal vez conseguir la libertad de sus miembros detenidos. Finalmente, en marzo de 2018 Ultras Ahlawy —el grupo más numeroso de hinchas del equipo rojo— anunció el cese de sus actividades por tiempo indefinido.

Para muchos, Egipto hoy está peor que durante los días más cruentos del régimen de Hosni Mubarak. Todo rastro de la revolución ha sido extirpado y la narrativa en torno al evento ha sido pervertida por el aparato represor del general el-Sisi. Ya casi no se habla del tema en los medios —fuertemente censurados por el gobierno— y cuando se hace es para señalar que ese fue el inicio de todos los problemas que aquejan al país. Ninguno de los objetivos que se buscaban en 2011 fue logrado y hoy el levantamiento solo vive en el recuerdo de aquellos que creían posible un cambio. Mientras tanto, en octubre de 2021, y aun con el Covid-19 azotando al país, los partidos la liga egipcia volvieron a tener algunos miles de simpatizantes en las gradas. No es mucho por ahora, pero al menos da una sensación de algo parecido a la normalidad. Quizás sea en las gradas donde aparezca la chispa que reavive el fuego de la revolución.

CAPÍTULO 8

YOKOHAMA F. MARINOS VS. YOKOHAMA FLÜGELS/YOKOHAMA FC

UNA RADIOGRAFÍA DEL FÚTBOL JAPONÉS

El 22 de julio del 2020, Yokohama F. Marinos y Yokohama FC se encontraron en la primera división después de 13 años. La última vez que ambos equipos se habían medido en la liga de honor, el FC sufrió una de las derrotas más humillantes de su historia al ser goleado 8-1. Tras esa paliza, las escuadras se enfrentaron de manera oficial en otras tres oportunidades —siempre por la Copa del Emperador— y en todas ellas el Marinos ganó por 2-1. Lamentablemente para el Fulie, en la vuelta a primera la historia no fue distinta y el Marinos, por entonces vigente campeón de la J-league de la mano del australiano Ange Postecoglou, se impuso de manera categórica por 4-0. Recién en la última fecha del campeonato 2020, el Yokohama FC tuvo su revancha tan ansiada y se despachó con un 3-1 que los hinchas festejaron con locura. Habiendo conseguido la salvación del descenso, esa victoria —la segunda en el historial ante el Yokohama F. Marinos— se celebró como si se tratase de un campeonato. La frutilla del postre fue el ingreso del legendario Kazuyoshi Miura para disputar los últimos minutos del *match*.

Muchos dirán que apenas nueve partidos (siete oficiales y dos amistosos) no bastan para construir una rivalidad tan férrea como la de estos dos equipos, pero los hinchas del Yokohama FC arrastran resentimientos de larga data, de cuando su antiguo club fue engullido por el equipo de la empresa Nissan y sintieron como les arrebataban su historia de un plumazo. Aunque no se trate del clásico más importante de Japón, el derbi de Yokohama es sin dudas el más "sudamericano" de todos los que se juegan en la Tierra del Sol Naciente. En él hay una historia que trasciende lo estrictamente deportivo y que pinta un panorama claro de lo que fue la revolución futbolística japonesa durante las últimas cuatro décadas. Tanto en sus aciertos como en sus errores.

EL DESPERTAR DE UNA NACIÓN

La relación de los japoneses con el fútbol ha cambiado mucho con el paso del tiempo. En sus inicios, el *football* o *futtobōru* fue introducido en 1873 por un teniente coronel canadiense de la Royal Navy llamado Archibald L. Duglas, que se desempeñó como instructor la Academia Naval Imperial de Tsukiji. Más tarde, en 1878, el deporte se incluyó dentro de la currícula del recientemente creado Instituto Nacional de Gimnasia, a la vez que se importaron instructores y profesores provenientes de Inglaterra. Por esos años, Japón atravesaba un proceso socioeconómico que definiría su futuro por los próximos 70 años.

Hasta no hacía mucho, el país era gobernado por los *shogunes*. Si bien existía un monarca, este no tenía poder real y dependía pura y exclusivamente de estos señores de la guerra para mantener la paz social. En un principio, el título de *shogun* significaba literalmente "Gran general apaciguador de los barbaros" y era otorgado a oficiales que se destacaban en la batalla contra las tribus del norte, pero con el tiempo estos generales comenzaron a ganar autonomía a la hora de decidir sobre varios asuntos y pronto se establecieron como el poder *de facto* dentro del reino. El inicio del *shogunato* (siglo XII) es también el comienzo del feudalismo japonés, donde la nobleza se abocó de lleno a los asuntos militares y la cultura fue obligada a recluirse en los monasterios.

A partir del 1850, las potencias imperiales de occidente buscaron que Japón se plegara a la misma apertura comercial a la que había sido sometida China unas décadas antes. Hasta ese momento, la isla solo mantenía tratos comerciales con los coreanos y los chinos, pero todo cambiaría con la llegada del comodoro norteamericano Matthew C. Perry. Al mando de una flota conocida como los "Barcos Negros", Perry consiguió mediante amenazas que Japón abriera sus puertas al comercio extranjero.

Esta concesión no fue bien recibida en el seno de la sociedad civil y pronto aparecieron grupos que expresaban su descontento tanto hacia los "invasores" como hacia los líderes que habían firmado el deshonroso documento. Estas agrupaciones enaltecían la figura del emperador Komei (1831-1867) quien, rompiendo con cientos de años de tradición, comenzó a inmiscuirse más en los asuntos de estado. Finalmente, en 1868 estalló la Guerra Boshin o Guerra Civil Japonesa entre las fuerzas proimperiales y las facciones adscriptas al *shogunato*.

Pese a la resistencia de algunos que querían seguir luchando, un año más tarde culminó el conflicto y a los *shogunes* no les quedó otra alternativa que integrarse a la sociedad civil. De esta manera, Japón inició un proceso de unificación bajo el reinado del Emperador Meiji —sucesor de Komei— quien ascendió al trono con la intención de llevar al país hacia la modernidad. Se establecieron las prefecturas, se implementaron los partidos políticos y, a instancias del propio emperador, la monarquía comenzó la transición de absoluta a parlamentaria. A la par de los cambios políticos, la economía japonesa experimentó una rápida transformación. Con un fuerte apoyo del estado, sumados a la presencia de funcionarios extranjeros especializados en varias áreas, Japón pasó de ser una nación casi feudal al país más desarrollado del continente en menos de 40 años. Junto a los cambios estructurales, también se vio una modernización dentro del sistema educativo que afectó la percepción que los japoneses tenían de sí mismos. A pesar de la resistencia de ciertos sectores tradicionalista, las re-

formas Meiji trajeron consigo la creación de universidades (la primera de ellas fue la Universidad de Tokio en 1873) y escuelas públicas. Esos establecimientos serian vitales para que la práctica de deportes occidentales se popularice.

Pero a pesar de este impulso, al fútbol le costó entrar en el corazón de los japoneses. En un principio, estos se mostraron mucho más receptivos a otros juegos occidentales como el rugby o el cricket, pero especialmente al béisbol. Introducido en 1872 por el educador norteamericano Horace Wilson, el más americano de los deportes rápidamente se ganó una cuota importante de adeptos y llegó a tener su propia liga profesional en 1920, casi 70 años antes que el *soccer*. Debido a esta falta de entusiasmo, durante los primeros años el fútbol solo estuvo restringido al ámbito educativo.

A mediados de la década de 1880 comenzaron a proliferar clubes creados específicamente por y para extranjeros. En 1886 se fundó el Yokohama Country & Athletic Club (YC&AC), una institución pionera en la práctica del balompié y más tarde, el 18 de febrero de 1888, los muchachos de Yokohama disputaron ante el Kobe Regatta & Athletic Club el primer partido de *futtoboru* interclubes de la historia japonesa.

Si bien a finales del siglo XIX se crearon nuevos equipos en distintos colegios secundarios de Tokio y Kobe, el cambio de centuria traería la verdadera expansión del juego. En febrero de 1904 —mismo año en el que se fundó la FIFA— se jugó el primer partido entre japoneses y una escuadra extranjera, donde el *team* de la Universidad de Tokio fue aplastado por 9-0. Durante esos años, el *soccer* estuvo confinado solo a los recintos educativos de altos estudios y su práctica se desaconsejaba a los menores de 15 años. Por esta razón el nivel de los equipos era paupérrimo en comparación a escuadras de los países vecinos y los malos resultados se acumularon. Tras una desastrosa actuación de un representativo japonés en un torneo internacional, los futbolistas del seleccionado comenzaron a presionar para la formación de una federación nacional. Quien llevó la voz cantante en este proceso fue Tairei Uchino, considerado el padre simbólico del fútbol japonés. Finalmente, en 1921 se creó la Japan Football Association (JFA) y con ella nació también la Copa del Emperador, el primer torneo realmente nacional del país.

*****

El Japón de mediados del siglo XIX y el de principios del siglo XX parecían naciones totalmente opuestas e inconexas. Si antes de las Reformas Meiji la isla era una tierra atrasada y gobernada *de facto* por clanes feudales, ahora se había transformado en el país más avanzado del este asiático. El establecimiento de un sistema de partidos políticos, una clase dirigente "profesional" y la sanción de una constitución (1890) le otorgaron legitimidad institucional, mientras que el sustento económico llegó de la mano de una creciente y tecnificada industrial nacional. Controlada en su totalidad por el estado primero y luego abierta a los de los capitales privados, la economía japonesa pasó de ser únicamente agrícola a estar a la cabeza de las innovaciones tecnológicas de la época.

Ahora bien, estas nuevas industrias necesitaban de un constante abastecimiento de materias primas (hierro, petróleo y carbón) y la isla no contaba con las reservas para satisfacer esa demanda. Durante años, los recursos se importaron desde Estados Unidos, pero era cada vez más evidente que Japón debía anexar territorios de ultramar para consolidar su crecimiento. El ostracismo y la barbarie eran cosa del pasado y ahora el Imperio se mostraba ante el mundo como una nueva potencia colonial. En un principio, Estados Unidos y el Reino Unido no prestaron demasiada atención al expansionismo japonés e incluso miraron para otro lado cuando las fuerzas imperiales ocuparon la península de Corea a principios de Siglo XX, pero con el paso de los años el dominio nipón en Asia se hizo cada vez más evidente y, para cuando Adolf Hitler declaró la guerra a los Aliados, Japón ya tenía claro a quien apoyar en esta contienda. En septiembre de 1940 la Alemania nazi, la

Italia fascista y el militarista imperio japonés del Emperador Hirohito firmaron el pacto de cooperación mutua. Las justificaciones de este último para ingresar en el conflicto armado fueron la de cortar definitivamente con la influencia de los países occidentales en la región y el ataque a la base norteamericana de Pearl Harbor en la isla de Hawaii fue su primera gran acción en el campo de batalla. Durante el tiempo que duró el conflicto, las fuerzas militares japonesas consolidaron su dominio en China y la península coreana, pero también marcharon por el Sudeste Asiático y varías islas del Pacífico. Sus planes también comprendían posibles invasiones en Australia, Canadá y Estados Unidos, aunque finalmente quedaron restringidos a bombardeos y asedios varios en distintas ciudades de estos países. Si el destino de la guerra hubiese sido distinto, el dominio japonés sobre toda la región del Pacífico que imaginó el novelista Phillip K. Dick en *The man in the high castle* hubiese sido una realidad.

<u>FÚTBOL EMPRESARIAL</u>

La derrota en la Segunda Guerra Mundial significó un duro golpe para Japón. Devastada por los bombardeos norteamericanos —que incluyó las bombas atómicas de Hiroshima y Nagasaki y que dejó más de 300 000 muertos—, la isla quedó reducida prácticamente a cenizas y su complejo industrial casi inoperativo. A diferencia de lo ocurrido después de la Primera Guerra Mundial, donde los países ganadores impusieron sanciones económicas y políticas que sumieron a Alemania en el caos y permitieron el ascenso del nazismo, la postguerra ahora estuvo tutelada y aquellos que perdieron recibieron la ayuda necesaria para reconstruirse. Las dos potencias emergentes del conflicto, Estados Unidos y la Unión Soviética, comenzaron a jugar un juego de estrategia a nivel global en donde cada movimiento podía alterar el frágil equilibrio de fuerzas entre los antiguos aliados. Asía se trasformó en el escenario principal (pero no el único) de esta Guerra Fría y todo lo que sucedía allí podía tener repercusiones terribles. El aleteo de una mariposa en Beijín podía producir terremotos en Washington.

Pese a que durante la ocupación japonesa el conflicto entre los nacionalistas de Chiang Kai-shek y los comunistas liderados por Mao se había interrumpido para hacerle frente a un enemigo común, tras el final de la guerra se reiniciaron los enfrentamientos civiles de China. Finalmente, en 1949 los comunistas llegaron al poder en Beijin y la República Popular China fue proclamada. El Kuomintang por su parte se refugió a la isla de Taiwan, donde se estableció la nueva sede de la República de China y los nacionalistas declararon ser los legítimos gobernantes del gigante asiático. Pese a que por varios años la ONU siguió reconociendo a Chiang Kai-shek como el presidente de China, finalmente, en 1971, la República Popular ocupó su lugar en el Consejo de Seguridad.

El avance del comunismo en la región hizo que Estados Unidos pusiera especial énfasis en que Corea del Sur y Japón se recuperaran rápidamente de la guerra. La nueva república coreana debía actuar como un "estado tapón" para evitar que el comunismo desembarcara en tierras japonesas y así aprovechar el resentimiento generado por la derrota a manos de los estadounidenses. Tras la capitulación, los norteamericanos mantuvieron presencia militar y política por seis años aunque curiosamente —y pese que a algunos sectores pedían su abdicación como una forma de castigo por haber arrastrado a Japón a la Segunda Guerra Mundial— insistieron en mantener al Emperador Hirohito en el trono ya que, pese a todo, este era una figura que unificaba al pueblo. Eso sí, sus funciones fueron limitadas a cuestiones más simbólicas y se sentaron las bases económicas, sociales, culturales y educativas del Japón actual. Algo que persistió, sin embargo, fueron las *zaibatsu*. Estos conglomerados empresariales familiares fueron el motor de la industrialización japonesa durante la Era Meiji y tenían participación en sectores diversificados de la economía. Con el paso de los años, sus dueños conformaron una plutocracia que influía en cada aspecto de la política interna y externa del país. Al comienzo de la Segunda Guerra Mundial, solo los cuatro grandes (Mitsubishi, Sumitomo, Yasuda y Mitsui) tenían control directo sobre más del 30 % de las industrias minera, química y metalúrgica y casi el 50 % del mercado de maquinaria y equipo, una parte significativa extranjera, flota comercial y 70 % de la bolsa comercial. Aunque el mundo experimentaba una gran depresión, las *zaibatsu* prosperaban gracias al bajo costo laboral, la especulación financiera y la militarización del país. Tras la rendición y la posterior ocupación estadounidense, se intentó disolver estos conglomerados como una manera combatir los monopolios y las prácticas ineficientes y antidemocráticas. En total, 16 fueron disueltos de manera completa y otras 26 fueron reorganizadas. Sin embargo, los norteamericanos revieron esta decisión en 1947 al considerarlas positivas para la reconstrucción y reindustrialización del país. Aunque con ciertos cambios en su estructura, estos grupos empresariales siguen teniendo un papel importante en la realidad japonesa, tanto económica como política.

***

Por mucho tiempo las escuadras universitarias dominaron en la Copa del Emperador hasta que en los años 50 aparecieron nuevos equipos vinculados a las empresas. Estos comenzaron siendo solo grupos de trabajadores que, con el permiso de sus jefes, organizaban partidos entre ellos y contra combinados de otras compañías. Finalmente, fue solo cuestión de tiempo para que estos nuevos teams —ahora patrocinados por sus propios empleadores— pasaran a competir en la copa más prestigiosa del país, la Copa del Emperador. En 1960 el Furukawa Electric se transformó en el primer equipo corporativo en ganar la competición, pero no sería el último. Cinco años más tarde, se creó formalmente la Japan Soccer League (JSL), la primera liga nacional del país en donde solo competían equipos representantes de empresas y donde los jugadores eran también empleados de dichas compañías. Aunque esta competición se consideraba de carácter amateur, en los años 80 la ma-

yoría de estos clubes empresariales contrataban futbolistas a los que hacían figurar dentro de la nómina de la empresa. Ese fue el caso del brasileño Ruy Ramos, quien en 1977 se transformó en el primer extranjero en fichar para un equipo japonés, el Yomiuru (posteriormente conocido como el Verdi Kawasaki). Ramos tuvo una prolífica carrera en la Tierra del Sol Naciente, llegando a integrar el plantel de la selección nacional japonesa que ganó la Copa de Asia 1992.

Los equipos de Yokohama tienen su génesis en este fútbol empresarial. En 1964 se fundó el Yokohama Youth Sport Team, una escuadra que primero dependía del municipio, pero que para 1975 ya comenzó a recibir patrocinio de la aerolínea de bandera japonesa, All Nippon Airways (ANA), y que cuatro años más tarde cambió su nombre a Yokohama TriStar Soccer Club. En 1983, el cuadro ganó la liga de Kanto y consiguió el ascenso a la segunda división de la Japan Soccer League, pero se vio obligado a cambiar su nombre debido a un escándalo de sobornos entre la ANA y la empresa Lockheed, el fabricante del modelo TriStar L-1011. Es por eso que en 1984 el club pasó a llamarse ANA Yokohama SC, un nombre que mantuvo hasta 1988, cuando fue bautizado simplemente como ANA SC. En muy poco tiempo, el team consiguió llegar a primera división, pero su debut en la máxima categoría no fue el esperado y descendió en 1985. El fracaso en la lucha por mantener la categoría hizo que los directivos del club despidieran a varios de los futbolistas que en la nómina figuraban como empleados de la aerolínea. Esto produjo una protesta de los restantes jugadores, los cuales boicotearon el último partido del campeonato. Las autoridades de la liga suspendieron de por vida a seis de los huelguistas y amenazaron con expulsar a la escuadra de la competición, pero esta medida fue evitada gracias a que el club realizó una renovación completa de su plantilla. En la temporada 1987/88, el ANA SC consiguió nuevamente el ascenso a primera división de la mano del entrenador Toshihiko Shiozawa y con el delantero argentino Nestor Piccoli como su principal figura, siendo el primer equipo en ofrecer contratos totalmente profesionales. De

vuelta en la máxima categoría, el equipo se reforzó con Fernando Moner —un recio defensa surgido de San Lorenzo y que con los años se transformaría en ídolo de la hinchada— y el joven atacante de la Universidad Tokai, Osamu Maeda. Los resultados fueron óptimos en esta oportunidad y el ANA terminó como subcampeón del Nissan FC, el otro equipo de la ciudad.

Como su nombre lo indica, el Nissan Motor Football Club pertenecía a una de las automotrices más importantes de Japón. Creado en 1972, su nacimiento fue posible gracias a los éxitos cosechados previamente por el equipo de beisbol de la compañía, lo cual impulsó a Nissan para ampliar las disciplinas de su club corporativo. Este cuadro destaca además por ser pionero en cuanto a la contratación de entrenadores profesionales. Hasta ese entonces, la dirección técnica de los equipos quedaba en manos de algún empleado de la empresa o un entrenador a tiempo parcial, pero todo cambió con la llegada de Shu Kamo, un antiguo jugador del Yanmar Diesel (club predecesor del Cerezo Osaka) que sería manager del Nissan por 15 años. Este nuevo enfoque le permitió al equipo de Yokohoma lograr resultados con relativa rapidez y para 1979 ya se encontraba jugando en la primera división de la Japan Soccer League (JSL). A principios de los años 80, la compañía comenzó a tomarse seriamente la participación en la JSL, previendo la contratación de jugadores asalariados. Esto se vio reflejado en el buen andar del equipo, el cual conquistó dos Copas Emperador (1983/84 y 1985/86) y quedó a las puertas del título liguero en varias oportunidades. El tan ansiado campeonato finalmente llegó en la temporada 1988/89, cuando consiguió la triple corona de la mano de Kamo (liga, Copa del Liga y Copa del Emperador) y con algunos jugadores que más tarde serían habituales en el seleccionado nacional como el arquero Shigetatsu Matsunaga o el delantero Kenta Hasegawa, pero su principal figura era Oscar. El defensa de la selección brasileña en las Copas del Mundo 1978 y 1982, había llegado a Japón procedente del Sao Paulo y pese a estar en la parte final de su carrera, fue vital para lograr el tan ansiado título. Al año siguiente el Nissan volvería a repetir la triple corona, además de quedar a las puertas del título continental (perdió 3-2 en el global contra el Liaoning chino). Tras esta temporada, Kamo dejó el club y fue reemplazado en el banquillo por el propio Oscar. En esos años, el club se estableció como el cuadro más importante de Japón, ganando nuevamente la Copa Emperador y la Copa de Liga. También alcanzó la gloria continental al conseguir la Recopa de Asia.

Pese a que los clubes nipones lo hacían bien en las competencias continentales, los japoneses no estaban muy interesados en el deporte más bello del mundo. Su histórica preferencia por el beisbol, el flojo nivel de la liga y la deficiente infraestructura de los estadios no atraían demasiados espectadores. La JSL había tenido su pico máximo de popularidad a finales de los años 60, cuando la selección ganó la medalla de bronce en los Juegos Olímpicos de México 68, pero a partir de allí el interés cayó estrepitosamente. Por si fuera poco, el seleccionado nacional nunca había clasificado a una Copa del Mundo y los resultados contra otras potencias de la región solían ser negativos. Las derrotas contra Corea del Sur —su antigua colonia— eran especialmente dolorosas.

Es por esta razón que a principios de los años 90, la federación comenzó a trabajar en la creación de la primera liga profesional. Si bien muchos de los equipos que formarían parte de esta nueva competencia pertenecían a la vieja JSL (solo el Shimizu S-Pulse de Shizuoka se fundó exclusivamente pensando en la nueva competencia), ahora su realidad era distinta. Primero y principal, ya no podían ser parte de las empresas que antes representaban. Si bien estas podían continuar financiando a las escuadras, lo que se buscaba era darles a los clubes una identidad propia y fue por esta razón que los equipos cambiaron su nombre. En el caso de los equipos de Yokohama, la única ciudad que tuvo dos clubes en la primera división desde el principio, el Nissan fue rebautizado como Yokohama Marinos y el ANA recibió el Yokohama Flügels.

Pero este no fue el único cambio. Las escuadras debían jugar en estadios con un mínimo de 15 000 espectadores, contar con apoyo financiero de empresas locales y disputar partidos fuera de casa si fuese necesario. Además, la federación logró que la liga fuese transmitida por la TV pública japonesa, algo que sin dudas ayudó a incrementar la popularidad del juego. La frutilla del postre llegó en 1992 cuando la selección se consagró campeona por primera vez de la Copa de Asia jugando en casa. Por primera vez en mucho tiempo, el panorama lucía prometedor para el fútbol de Japón.

LA TIERRA DEL GOL NACIENTE

Antes de que la competición inicie de manera oficial en 1993, los hinchas tuvieron como aperitivo la J-league Cup, un torneo que comenzó inmediatamente después del fin de la última temporada de la Japan Soccer League y que sigue siendo parte del calendario actual. En esta ocasión, los clubes de Yokohama se enfrentaron en noviembre de 1992 en la primera ronda y el Flügels se llevó el partido por 2-1. Dos meses más tarde volvieron a verse las caras, esta vez por la segunda ronda de la Copa del Emperador, y el Marinos goleó a su rival por 4-2. La inducción del profesionalismo y la conquista de la Copa de Asia por parte del equipo nacional tuvieron un impacto altamente positivo en la nueva liga y para cuando se disputó el primer derbi de esta nueva era, los equipos de Yokohama jugaron ante la atenta mirada de 11 734 hinchas, una cifra impensada tiempo atrás. En ese encuentro, el Fulie cayó derrotado por 2-1.

Curiosamente, pese al reciente éxito que el Marinos había tenido durante los días en los que competía bajo el nombre de Nissan Motors FC, este no era el club más popular de la región. Por ese entonces, el Verdi Kawasaki de la cercana ciudad de Tokio atraía a muchos espectadores de Yokohama, entre otras cosas, porque en el equipo jugaba el ídolo nacional, Kazuyoshi Miura. De hecho, fue el Verdi el primer campeón de la etapa del profesionalismo y Miura elegido como el MVP de la temporada. Aun así, para los equipos de Yokohama el 1993 también fue un buen año. Pese a que ninguno pudo llegar a disputar el partido por el título, el Yokohama Flügels se quedó con la Copa del Emperador tras derrotar 6-2 al Kashima Antlers y el Marinos hizo lo propio con la Recopa de Asia, al imponerse ante Persepolis de Irán por un global de 2-1. Dos años más tarde, sería el Flügels quien ganaría este trofeo continental, derrotando en la final al Al-Shaab de Emiratos Árabes Unidos y el Marinos el que se quedaría con el título de campeón de la J-league.

En esta nueva etapa profesional, las escuadras de la liga japonesa y la federación apostaron a lo grande. Si la idea era popularizar el deporte, no había otra alternativa que contratar grandes figuras y eso es exactamente lo que sucedió. Antes de que la comenzara formalmente la J-league, mucho se especuló sobre que jugadores serían seducidos por la novel competición y Maradona fue uno de los nombres que más sonó. A principios de los años 90, directivos de Nagoya Grampus —equipo perteneciente a la compañía Toyota— establecieron contactos informales con Diego para intentar ficharlo. Después de ganar la Copa del Mundo Sub-20 de 1979, Pelusa retornó a tierras niponas en varias ocasiones para participar de algunos amistosos, pero en esta oportunidad el Grampus le ofrecía un contrato multimillonario (1.5 billones de yenes) y la tranquilidad de jugar en un país donde la "Diego-manía" se mantendría en límites tolerables. Lamentablemente, cuando en marzo de 1991 estalló el escándalo por su doping positivo tras el partido Nápoles—AS Bari y la federación italiana lo suspendió por 15 meses, el presidente de la Toyota dio por caído el acuerdo de palabra que había entre las partes (aun cuando Diego podría estar habilitado para jugar en 1993) y avanzó con la contratación del inglés Gary Lineker. Tiempo después, el argentino volvería a sonar para el Sagan Tosu, pero esto solo quedó en rumores.

Los clubes de Yokohama también reforzaron sus plantillas con jugadores extranjeros. El Marinos contrató al trío argentino conformado por Ramón Díaz (con 28 goles se transformó en el goleador de la primera temporada), David Bisconti y Gustavo Zapata, mientras que el Flügels fichó nuevamente a Fernando Moner y sumó al brasileño Aldrovani Menon y al experimentado atacante paraguayo Raúl Amarilla. Pero estos futbolistas no fueron lo único que llegó a la ciudad procedente de Sudamérica. Con la profesionalización del fútbol japonés y el comienzo de la era de las transmisiones satelitales de algunos partidos de la liga argentina, los hinchas japoneses comenzaron a adoptar ciertas formas del público rioplatense. A partir de ahí, se hizo usual escuchar en los estadios nipones entonar melodías de cancha que sonaban en todos los domingos en La Bombonera o en el Monumental.

En una entrevista realizada hace algún tiempo para el canal de YouTube "Fútbol de Samurais", Fernando Moner contó que muchos simpatizantes caracterizados del Yokohama Flügels lo consultaron sobre cómo darle a la hinchada esa impronta latinoamericana e incluso el líder de la agrupación viajó a la Argentina para conocer de primera mano cómo es la experiencia de las tribunas autóctonas. En la misma nota, el exdefensor aclara que estos hinchas caracterizados solo aprendieron lo bueno, ya que en Japón hay cero tolerancia a lo que en esta parte del mundo conocemos como barras bravas. Si bien el derbi de Yokohama siempre se caracterizó por tener un público pasional, con el ingreso en la era profesional el partido se transformó en uno de los más importantes del calendario.

Tras un inicio auspicioso y la llegada de más figuras internacionales como el danés Michael Laudrup o el búlgaro Hristo Stoichkov, la liga japonesa entró en una etapa turbulenta. En 1997, comenzó en Asia una crisis financiera sin igual que tuvo un impactó particularmente fuerte en "La tierra del sol naciente". El yen se devaluó considerablemente con respecto al dólar (la conversión llegó a estar 1/144), el PBI cayó un 1,3 % durante el primer semestre de ese año y la economía japonesa entró en una recesión que se extendería hasta los primeros años del nuevo milenio. Como era de esperarse, el desastre económico impactó de lleno en la J-league. Los clubes comenzaron a tener problemas para afrontar los contratos multimillonarios de sus estrellas extranjeras y las empresas patrocinadoras redireccionaron su dinero para atender asuntos más urgentes. A todo esto le siguió una baja en la asistencia a los estadios siendo el promedio de espectadores por esos años en apenas 10 000 por partido, casi un 50 % menos que en temporadas anteriores. Muchos clubes quedaron al borde de la bancarrota y algunos, directamente, cayeron en ella.

EL FULIE SE ESTRELLA

Antes de su triste final, el Yokohama Flügels intentó levantar su perfil y para eso contrató como su nuevo director técnico para la temporada 1998 al antiguo asistente de Johan Cruyff en el banquillo del FC Barcelona, Carles Rexach. Después de ser interino en el Barca tras la salida del neerlandés, este era el primer trabajo como entrenador principal para el catalán. En ese tiempo, Japón y Corea del Sur habían sido designadas por la FIFA para organizar la Copa del Mundo 2002 y la ciudad de Yokohama fue una de las beneficiadas al ser elegida como sede. El gobierno japonés emprendió la construcción de un estadio multipropósito con capacidad para 72 000 personas que no solo sería el escenario de varios partidos del futuro Mundial sino que además albergaría a los equipos de la cuidad.

A pesar de un comienzo esperanzador, el período de Rexach al frente del Yokohama Flügels fue más bien corto. Una racha de cinco derrotas consecutivas en las que recibió 14 goles, fue el preludio de una temporada plagada de desgracias. El 15 de septiembre de 1998, Yokohama Marinos y Yokohama Flügels se enfrentaron en el Yokohama International Stadium casi colmado y la escuadra de la Nissan se impuso 2-0 con goles de Shunsuke Nakamura y Sotaro Yasunaga. Esta sería la última vez que estas encuadras jugarían entre sí, pero nadie lo sabía aun.

Octubre fue un mes funesto para el Flügels. Uno de los principales *sponsors*, los laboratorios Sato, sufrió grandes pérdidas debido a la crisis económica y tuvo que dejar de financiar al club. Por su parte, la ANA también tuvo que recortar gastos y por ende no pudo pagarle el sueldo mensual a la plantilla completa. Para prevenir un escenario peor, los directivos de la empresa aérea se juntaron con la cúpula de la Nissan y plantearon una idea que muchos considerarían una locura: fusionar el Marinos y el Flügels. Los siguientes días fueron surreales. Rexach fue despedido, su lugar en el banquillo fue ocupado por el alemán Gert Engels y el equipo no perdió más en lo que restaba de la temporada. Cuando llegó el último encuentro del campeonato —una victoria 4-1 sobre el Consadole Sapporo— aún existía la mínima esperanza de mantener con vida al equipo si lograba un buen resultado en la Copa del Emperador. En esos años, el torneo más antiguo de Japón se disputaba inmediatamente después de terminada la liga. Al ser (todavía) un equipo de primera división, el Flügels debió esperar recién hasta la tercera ronda para poder entrar en la competición y en esa instancia le ganó al Otsuka Pharmaceuticals. El camino a la gran final del 1 de enero de 1999 lo completó eliminado al Ventforet Kofu, Jubilo Iwata y al vigente campeón de certamen, Kashima Antlers. Pese a los buenos resultados y la presión de los hinchas que se negaban a ver desaparecer a su equipo, para finales de diciembre de 1998 la fusión entre los dos clubes de Yokohama era un hecho. Con eso en mente, los jugadores del Fulie salieron al campo de juego del Estadio Nacional de Tokio dispuestos a vivir su propio "último baile". En frente tenían al Shimizu S-Pulse, un equipo que era la contracara del Yokohama Flügels en todo sentido. Nacido exclusivamente como una escuadra de la J-league, los hinchas y jugadores del S-pulse afrontaban el encuentro con la esperanza de poder conseguir el primer título en la historia del club y fue el Shimizu quien primero se puso arriba del marcador con un tanto de Masaaki Sawanabori cerca del primer cuarto de hora. La ventaja mínima se mantuvo durante casi toda la primera parte hasta que segundos antes del pitazo del árbitro, Yoshikiyo Kuboyama puso la igualdad en el marcador. En la segunda mitad, Takayuki Yoshida marcó el último gol en la historia del Flügels, un tanto que le valió al club el segundo título doméstico de la era profesional. Tras el pitazo final, los festejos fueron sentidos, pero mesurados. La realidad es que nadie sabía a ciencia cierta que iba a suceder el día siguiente y los jugadores no tenían su futuro asegurado. Uno de ellos, Motohiro Yamaguchi, decidió llevarse a su casa la pelota como prueba de que ese partido se había jugado.

Durante un mes, las negociaciones entre las cúpulas de la ANA y Nissan se realizaron a puertas cerradas y nadie tenía mucha información sobre como seria la tan mentada fusión. La única certeza era que el Yokohama Flügels dejaba de existir y su lugar en la Recopa Asiática y en la Xerox Super Cup (torneos a los que accedió por haber ganado la Copa del Emperador) sería ocupado por el S-pulse.

El 1 de febrero de 1999 se anunció formalmente el acuerdo entre las dos empresas y el Yokohama Marinos pasó a llamarse Yokohama F. Marinos, como una forma de incluir a los hinchas del Fulie que se habían quedado sin un equipo al cual alentar de la noche a la mañana. De más está decir que esa medida marketinera no influyó en nada y la mayoría de los fanáticos del extinto club rechazaron la "invitación" a unirse a las filas del Marinos. En cuanto a los jugadores, algunos de ellos si ficharon para el club de la Nissan mientras que otros consiguieron contratos con distintos cuadros de primera división. Pero hubo un grupo de futbolistas que se vio tentado por un proyecto superador.

EL AVE FÉNIX

En la mitología griega, el fénix es un ave mitológica inmortal que se regenera a partir de las cenizas de su predecesor. Cuenta la leyenda que cuando este animal moría, lo hacía en un espectáculo de llamas y combustión, dejando solo humeantes restos carbonizados. De ese despojo nacía una y otra vez. Parece propicio entonces que esta ave fantástica haya sido elegida como el símbolo del Yokohama FC.

Este nuevo equipo —que contó con el apoyo del exjugador alemán Pierre Littbarski y la antigua estrella del fútbol japonés, Yasuhiko Okudera— se fundó gracias a los aportes económicos de los hinchas de Flügels. Siguiendo el modelo de gestión sudamericano, el Yokohama FC fue el primer club profesional de Japón en ser propiedad y operado por los propios hinchas. Okudera, quien en los años 70 y 80 tuvo una prolífica carrera como futbolistas en la Bundesliga alemana, fue elegido como el primer presidente de la institución y Littbarski designado como el manager inaugural. Este nuevo equipo intentó ser admitido directamente en la recientemente creada segunda división de la J-league, pero la federación no solo rechazó su petición y lo mando a la tercera división, sino que además le prohibió subir de categoría en su primera temporada de vida. De nada sirvió que el Yokohama FC ganara el torneo de 1999 de punta a punta. Recién en el año 2000 promocionó a la segunda división, categoría en la que permaneció hasta conseguir el ascenso en la temporada 2006. Lamentablemente, su estancia en la máxima categoría fue de solo un año, debiendo esperar hasta el año 2020 para subir nuevamente.

***

Ahora bien, la crisis económica que puso en jaque al país y le costó la vida al Yokohama Flúgels le enseñó una valiosa lección a su federación japonesa. Los clubes seguían dependiendo en exceso de las compañías y cualquier desbarajuste financiero podía dejarlos muy dañados de cara al futuro. Es aquí en donde aparece lo que podemos denominar el plan "Japón 2092". El proyecto de la federación era que para ese año —en el que se cumplirá el centenario de la J-league— haya en el país un centenar de clubes profesionales en funcionamiento. La idea madre es que estas instituciones estén en condiciones de soportar otro cimbronazo como el de 1997 sin mayores inconvenientes. La federación impulsó a los clubes a que desarrollen un vínculo más estrecho con sus comunidades, con las pequeñas empresas locales y no necesariamente con las grandes multinacionales. Además, se los obligó a crear categorías juveniles y a trabajar en conjunto con distintas academias de formación. El paso siguiente para la concreción de este plan fue la creación en 1999 de una segunda división. La idea era amoldar la competición a los estándares europeos y de paso dejar de lado algunas reglas estrafalarias que se implementaron en los primeros años como la prórroga y el gol de oro cuando un partido terminaba en empate. A partir de ese momento comenzó una la etapa que muchos podrían considerar de estancamiento, pero en realidad era de consolidación. Si bien la liga sufrió cambios de formatos menores (y algunos no tantos) desde principios del nuevo milenio hasta esta parte, su crecimiento ha sido sostenido. En 2014 se da un nuevo hito con creación de la J3.League, la tercera división. De esta manera, y con tan solo un cuarto de siglo de vida, la J-league ha alcanzado la mitad de lo propuesto con el plan "Japón 2092".

Actualmente, en la isla hay 54 equipos profesionales repartidos a lo largo y a lo ancho del territorio y más allá de la tercera división el profesionalismo también se ha impuesto. La Japanese Football League (JFL) es competición amateur, pero solo en los papeles. Todos los clubes que la componen son profesionales y miembros asociados a la J-league, lo que equivale al paso previo para ser aceptados como equipos profesionales.

KING KAZU

A sus 55 años, Kazuyoshi Miura es un testimonio viviente de las grandes transformaciones que tuvieron lugar durante las últimas cuatro décadas y que llevaron al "País del Sol Naciente" a ser la potencia más importante del continente asiático. Miura es un hombre atrapado entre tiempos, una especie de viajero que testimonia sobre los viejos y decadentes días de la semi-profesional Japanese Soccer League, pero también sobre el *boom* que produjo en 1993 la irrupción de la J-league y sus figuras. Porque Kazu era una de esas estrellas. Miura es el héroe que le dio a Japón su primera Copa de Asia, pero también es uno de los partícipes de la "Agonía de Doha", un partido en donde Japón dejó escapar en el último minuto la casi segura clasificación a USA 94. Aun así, mientras la mayoría de sus compañeros fueron masacrados por la prensa, Kazu fue quizás el único

que salvó su honor. Pocos atletas pueden jactarse de haber estado en tantos momentos trascendentales.

Hoy, a una edad en donde la mayoría de los futbolistas hace rato que está disfrutando el retiro o malviviendo en los banquillos, King Kazu sigue activo. Es cierto que en el último tiempo sus actuaciones han sido cada vez más espaciadas y siempre desde el banco de suplentes, pero su importancia para el Yokohama FC en particular y para el futbol japonés en general es muy grande. Miura llegó al Fulie (el nuevo club siguió manteniendo el apodo del Flügels) en 2005, con nada menos que 38 años de edad. Tras un brevísimo paso a préstamo ese mismo año por el Sydney FC australiano, Kazu se avocó de lleno a la tarea de llevar a la escuadra de Yokohama a la primera división y en 2006 fue titular en casi todos los partidos de la campaña del ascenso, marcando además seis goles. Con el paso de las temporadas, sus aportes han sido cada vez más esporádicos hasta el punto de jugar un puñado de minutos repartidos en distintos partidos.

¿Por qué es tan importante Miura para el fútbol japonés? Habiendo debutado en 1986 jugando para el Santos de Brasil (llegó allí siendo apenas un adolescente), el oriundo de Shizuoka es toda una institución. Muchos podrán argumentar que el mote de "mejor jugador japonés de la historia" le queda demasiado grande puesto que su carrera no fue tan ilustre como la de algunos de sus sucesores (sus únicas incursiones europeas fueron breves pasos por el Génova de Italia y el Dinamo Zagreb de Croacia), pero nadie podrá quitarle jamás el lugar como el futbolista más querido por todos los hinchas de su nación. Su irrupción en la novel J-League como futbolista del Verdi Kawasaki (llegó repatriado desde el fútbol de Brasil) y sus buenas actuaciones en equipo nacional fueron vitales para que la disciplina se consolide fronteras adentro. A los japoneses les hacía falta un héroe que pudieran sentir como propio para acercarse en masa al fútbol y ese héroe fue Miura.

Si la figura de Kazu salió indemne de la derrota de Doha, en buena medida fue porque que la "Generación Nintendo" —aquella camada de jugadores que irrumpió en el combinado nacional a mitad de los años 90— necesitaba de un general curtido en la batalla para cruzar el Rubicón. Su aporte en las eliminatorias que depositaron a Japón en Francia 98 fue de mayor a menor, pero todo el mundo daba por sentado que Kazuyoshi estaría la lista definitiva para el campeonato. Incluso el Diario Clarín lo incluyó en el magnífico "Libro de Oro de los Mundiales" como el jugador a tener en cuenta dentro del combinado nipón.

Lamentablemente, el entrenador Takeshi Okada lo dejó fuera de la nómina mundialista. Quizás sea por ese sentimiento colectivo de injusticia —Okada nunca supo explicar bien el porqué de su decisión— que Miura se transformó en el jugador del pueblo. Ahora bien, ¿justifica este amor desmedido que el club le siga ofreciendo un contrato aun cuando sus actuaciones son mínimas? Para los japoneses, sí. En Japón, los mayores son reverenciados en todos los ámbitos por ser portadores de sabiduría y el fútbol no es la excepción. La J-League y las categorías de ascenso suelen contar con varios veteranos, algunos de ellos con un pasado ilustre a sus espaldas. Futbolistas como Shinji Ono o Shunsuke Nakamura (también en el Yokohama FC) siguen deslumbrando en sus respectivos equipos y son respetados por todas las hinchadas rivales solo por el simple hecho de haber defendido honrosamente a la nación dentro del campo de batalla. Sin embargo, la vigencia de los longevos no se consigue solo con fuerza de voluntad, sino que detrás de ello hay una cultura que exalta el cuidado físico. Con la Era Meiji, también llegó la reforma educativa, la cual contempló a la educación física como una parte importante de la currícula. A partir de ese momento, la actividad física (no solo en los jóvenes) fue tomada como una política de estado. A los factores externos también se le suma algo propio de los japoneses, que es su dieta a base de pescados, verduras y legumbres. Esto hace del país una de los lugares con menor tendencia a la obesidad, más saludables y más longevos del mundo. Por esto, no es de extrañar que a la edad en donde muchos solo pueden contar canas y kilos, Miura sume minutos jugados en la primera división. Puede ser que hoy su papel en el Yokohama FC sea meramente testimonial, pero la presencia de King Kazu dentro del *field* no tiene nada que ver con cuestiones deportivas. Cada vez que Miura pisa el césped, el tiempo se detiene lo suficiente como para que todos le brinden su aplauso al guerrero más respetado de la nación.

<u>LO QUE JAPÓN ENTENDIÓ</u>

Durante la primera década de historia de la J-league, el Yokohama F. Marinos se erigió como uno de los clubes más poderosos del certamen. Campeones de liga en 1995, 2003 y 2004 (y segundo en otras tres oportunidades), la escuadra azul también consiguió dos Copas Emperador y una Copa de la Liga. Como no podía ser de otra manera, gran parte de este éxito se cimento sobre los hombros de jugadores sudamericanos como Ramón Díaz, el "Mencho" Medina Bello, Gustavo Zapata, David Bisconti o el boliviano Julio Cesar Baldivieso. Pero a partir de 2004, el Yokohama F. Marinos comenzó una larga sequía en cuanto a títulos. Como si se tratase de una maldición por haberse engullido al Flügels, el cuadro del Nissan solo consiguió la Copa del Emperador 2013 y recién en 2019 pudo cortar la racha negativa en la liga. El encargado de llevarlos al título fue el manager australiano, Ange Postecoglou.

Su arribo a tierras japonesas ocurrió a finales de 2017 en reemplazo del francés Erick Mombaerts y las expectativas sobre el *head coach* eran altas. Sin embargo, al comienzo de su gestión los resultados no acompañaron y el equipo coqueteó durante varias jornadas con la relegación. Finalmente la escuadra terminaría en el puesto duodécimo lugar y sería uno de los equipos más goleadores del certamen (aunque también uno de los más goleados). El verdadero golpe de efecto de Postecoglou fue durante su segunda temporada en el cargo.

Si bien es cierto que la J-league no se compara con el fútbol español, el inglés o el italiano, para un entrenador australiano conseguir el éxito en Japón es un hito, y más si se tiene en cuenta lo difícil que es "entrar" en el corazón de los jugadores nipones. Está comúnmente aceptado que este pueblo asiático es uno de los más respetuosos del mundo, pero respeto no siempre equivale a confianza. El exfutbolista del Shimzu S-Pulse y actual comentarista, Alex Brosque, lo explicó en una entrevista: "(Los japoneses) son muy respetuosos pero muy leales a sus compatriotas. Al entrenador extranjero siempre le cuesta más, tiene que dar un plus. Cuando yo estaba jugando allí mi entrenador era iraní —Afshin Ghotbi— y vi de primera mano lo mucho que le costó ganarse su lugar. A los jugadores japoneses más viejos no les gustan los cambios y Ghotbi tuvo que ir lentamente, recién en la segunda temporada pudo imponer su idea. Y para eso fue clave llevarse bien con la dirigencia de club".

Por lo visto, con Ange sucedió algo parecido. En su segundo año el equipo si tuvo su sello ofensivo (fue la escuadra más goleadora del certamen) y prodigó momentos de muy buen fútbol como por ejemplo la goleada 4-2 ante el Consadole Sapporo, donde a los 25 minutos de partido ya ganaba 3-1. En ese *match* brilló con un gol "maradoneano" el extremo Teruhito Nakagawa, uno de los jugadores que ganó el puesto en la era Postecoglou.

Finalmente, en la última jornada del torneo 2019 el Marinos pudo gritar nuevamente campeón. Fue gracias al contundente triunfo 3-0 sobre FC Tokyo, el cuadro con el que se disputó el liderato de la liga durante casi toda la segunda parte del torneo. El equipo de Ange Postecoclou tuvo varios puntos altos esa temporada, pero sin dudas uno de los más destacados fue el lateral tailandés Theerathon Bunmathan, uno de los mejores de Asia en ese puesto. Habiendo llegado al club a principios de año, Bunmathan pronto se volvió un hombre clave y finalizó el 2019 con 30 partidos jugados, tres goles y cuatro asistencias. Igual valoración positiva recibieron sus compatriotas Nattawtut Suksum del FC Tokyo, Titipan Puanchang del Oita Trinity y especialmente Chanathip Songkrasin del Consadole Sapporo. Pero Tailandia no fue el único país del Sudeste Asiático desde donde el fútbol japonés importó jugadores. De las cuatro grandes competiciones del este asiático, solo en Japón habitualmente hay futbolistas de la región ASEAN mientras que en el resto (Australia, China y Corea del Sur) no encontramos siquiera uno solo. ¿Por qué sucede esto? La primera respuesta que se nos viene a la cabeza es que se trata meramente de un ejercicio de pereza por parte de los clubes. Siempre es más fácil y más redituable para con el público contratar a un brasileño *random* que a un joven jugador malayo o filipino poco conocido. Pero lo que no entienden los equipos de la K-league coreana o la A-league australiana es que el futuro del fútbol asiático está en el sudeste. Por fuera de China, esta es la parte más poblada y más rica del continente y una de las más apasionadas por el juego.

Apostar por un jugador proveniente de esas latitudes puede significar acrecentar el nivel de penetración dentro del continente, tanto para el club en cuestión como para la liga. Es cierto que las superestrellas como Iniesta son las que cortan *tickets* en el suelo nacional, pero son los futbolistas como Theerathon Bunmathan los que hacen que los derechos de televisivos se vendan a lo largo y ancho de Asia. Es por este motivo que mientras que la A-league todavía no puede resolver su propia crisis de identidad y la K-league ve decrecer sostenidamente la asistencia a los estadios en la última década, la liga japonesa se ha erigido nuevamente como el torneo más atractivo de la región.

SOBRE EL AUTOR

Juan Manuel D'Angelo nació en la ciudad de Chivilcoy (Buenos Aires) en 1986, estudió periodismo e historia en la Universidad Nacional de La Plata (UNLP). Entre 2016 y 2019 relató el día a día de la liga australiana en su blog The A-liga y actualmente escribe en el portal The Line Breaker sobre fútbol en general. Este título es su segundo libro. En 2020, editó en Brasil Socceroos, futebol na terra dos cangurus, el cual fue publicado (en español) por LIBROFUTBOL.com en 2022.

BIBLIOGRAFÍA

Libros

- Cumings, Bruce (1997), *El lugar de Corea en el sol, una historia moderna*, Editorial Comunicarte.

- Linch, Michael (2009), *Mao*, Editorial Vergara.

- Bejar, Maria Dolores (2011), *Historia del siglo XX: Europa, América, Asía, África y Oceanía.* Editorial Siglo XXI.

- Kuper, Simon y Szymansky, Stefan (2010), *El fútbol es así (Soccernomics)*, Empresa Activa.

- Mitten, Andy (2008), *Mad for It*, HarperCollins.

- Stensholt, John y Mooney, Shaun (2015), *A-league, the inside story of the tumultuous first decade,* Nero.

- Gorman, Joe (2017), *The death & life of australian soccer,* University of Queensland Press.

- Roberts, Benjamin (2017), *Gunshots & goalpost, the story of northern irish football*, Avenue Books.

- Amos, Owen y Constantine (2017), Stephen, *From Delhi to the Den*, deCoubertin Books.

- Kapadia, Novy (2017), *Barefoot to boots, the many lives of Indian football*, Penguin Books.

- D'Angelo, Juan Manuel, Vaquero, Manuel y otros (2021), *Ligas Exóticas*, LibroFutbol.

- D'Angelo, Juan Manuel (2021), *Socceroos, futebol na terra dos cangurus*, Corner.

- Close, Ronnie (2019), *Cairo's Ultras: Resistance and Revolution in Egypt's Football Culture*, The American University in Cairo Press.

- Villoro, Juan (2006), *Dios es redondo*, Planeta.

Diarios

- Infobae (Argentina)
- Clarín (Argentina)
- Olé (Argetina)
- Marca (España)
- As (España)
- La Vanguardia (España)
- ElDiario.*es* (España)
- El Confidencia (España)
- El País (España)
- Milenio (Mexico)
- Washington Post (Estados Unidos)
- New York Times (Estados Unidos)
- Irish Examiner (Irlanda)
- The Guardian (Reino Unido)
- The Japan Times (Japón)
- Indian Express (India)
- Business Standard (India)
- Egypt Today (Egipto)
- Egypt Independent (Egipto)
- The Korea Times (Corea del Sur)
- Sydney Morning Herald (Australia)

Agencias de Noticias

- Reuters
- BBC

- France 24
- DW
- Uriminzokkiri

Páginas web

- Futboltrotters.*wordpres.com*
- See.*news*
- KingFut.*com*
- KickOff.*com*
- *FourFourTwo.Com*
- SportingAfrica.*blogspot.com*
- Nuso.*org*
- Amnesty.*org*
- FreePressJournal.*com*
- Merca20.*com*
- SportsKeeda.*com*
- NationalGeographic.*com*
- Mid-day.*com*
- LaRefundacióndotcom.*wordpress.com*
- DailySabah.*com*
- Pamboleros.*com*
- BleacherReport.*com*
- TheDiplomat.*com*
- Magnet.*xataka.com*
- TheseFootballTimes.*com*
- Goal.*com*
- BeSoccer.*com*
- Psmaag.*com*
- IranActual.*wordpress.com*
- GreenLeft.*com.au*
- A-league.*com*

- Balls.*ie*
- SoccerAmerica.*com*
- TheWorldGame.*Sbs.com.au*
- Theovallog.*wordpress.com*
- TheBallIsRound.*co.uk*
- CarpetaDeHistoria.*fahceunlp.edu.ar*
- ESPN.*com*
- KhelNow.*com*
- Fanack.*com*
- WorlsSoccer.*com*
- GlobalSportsArchive.*com*
- Jleagueregista.*wordpress.com*
- Football-tribe.*com*
- Aiscore.*com*
- Nippon.*com*
- HolaJapones.*com*
- LostInFootballJapan.*com*
- PefectoStriker.*blogspot.com*
- JFA.*jp*
- Apjjf.*org*
- RevistaUnCanio.*com*
- TheLineBreaker.*com*

Tesis y otros artículos

- Jong Sung Lee (2012), *Football in North and South Korea (1910 -2002): diffusion and development,* Nontfort Univeristy Leicester.

- Chehabi, H.*E.* (2002), *A political history of football in Iran,* Iranian Studies, volume 35, number 4.

- Arbizu, Nuria (2011), *Irlanda del Norte, Historia de un conflicto.*